介護職スキルアップブック

手早く学べてしっかり身につく!

介護の医学知識

看護師・保健師・介護支援専門員・福祉施設士
大瀧厚子 監修

知れば安心!
68症状
85疾患

秀和システム

はじめに

　介護は生活支援を中心とした職業です。しかし、近年、高齢者が地域で自立した生活を営めるような「地域包括ケアシステム」の実現に向けた取り組みのひとつとして、介護職も医療職と連携を取りながら医療に関わりを持ち、医療ニーズを抱えた高齢者などのケアに携わることが増えてきました。

　介護は人を相手にする仕事です。ですから、「ひと」についての十分な知識を持つことが重要です。つまり、介護職の重要な業務である食事や排泄、移動などの介護には、人体の構造や機能を知ることが欠かせませんし、観察には体の変化をきちんとみることをないがしろにすることはできません。それら「介護の基礎」にとって医学的知識は欠くことのできないものであり、医療へとつながる重要な共通知識なのではないかと思います。さらに、そこに高齢者一人一人の個別性を重視して生活の視点を取り入れていけば、介護としての専門性は十分に発揮されるのではないでしょうか。

　2012 年から法改正によって介護福祉士や一定の教育を受けた介護職員などによる喀痰吸引や経管栄養の実施が可能となりました。また、介護現場での看取りの事例も年々増加するなど、介護現場も日々変わっています。ですから、医療について学ぶことが介護職にますます必要になってきているといえます。

　本書は高齢者に多くみられる症状や疾患を中心に、観察や介助のポイントを簡潔にまとめたガイドブックです。コンパクトにするためポイントを絞っており、すべてを網羅しているものではありませんが、さらなる理解へと進むきっかけとして、本書が日々の介護に役立つことを願っています。

2023 年 9 月　大瀧　厚子

本書の構成と使い方

　本書は、おもに介護職の方のために、高齢者に多い症状や疾患、医療に関連するケアなどについて解説し、日々のケアで最低限知っておきたい医学知識が身につきます。

●第1章　気になる症状と疑われる疾患

　高齢者を適切に観察できるよう、よくみられる症状と考えられるおもな疾患をあげています。当書籍内に説明のある疾患はページを示しています。

●第2章　知っておきたい疾患と介護法

　高齢者がかかりがちな疾患をあげ、そのしくみや症状、介護のポイントをあげています。

●第3章　日常で行う観察と計測

　高齢者によく行われる検査と、その目的、検査値の見方などを解説しています。

●第4章　介護職の可能な行為

　介護の現場で特に医学知識が必要とされるケアについて、介護の手順とポイントをおさえて解説しています。

●巻末資料

　第4章で解説したケアに関する諸法規の概説、および介護現場でよくみる医学用語・略語集です。

●第1章・第2章のページ構成

第1章

●症状チェックリストと疑われるおもな疾患
節見出しの症状＋チェックリストの症状を併せてみることで、疑いの強い疾患を予測できます。各疾患の解説ページを記載しています。

●他の症状がない時…疑われる原因
他に症状がみられない時、この症状が起こる可能性の高い原因を示しています。

第2章

●どんな病気？
疾患の原因や特徴の解説です。

●おもな症状
この疾患の主要な症状です。

●検査・診断
この疾患で行われるおもな検査と診断の基準など。疾患によって「検査・治療」「診断・治療」などを解説する場合もあります。

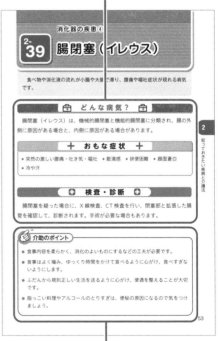

●Column
症状や疾患についての補足情報や、介護のヒントなどのワンポイントコラムです。

●介助のポイント
現場でケアを行う際、医学的な観点から気をつけるべきポイントを示しています。

目　次

第 **1** 章 気になる症状と疑われる疾患

目　次

第2章 知っておきたい疾患と介護法

第 **3** 章 日常で行う観察と計測

第4章 介護職の可能な行為

巻末資料

序章 高齢者の罹病時の特徴

老化とは、誰にでも起こる変化です。生理的な老化は加齢に伴いゆっくりと進行するため、突然日常生活に支障をきたすといった急激なものではありません。ふだん気づきにくい免疫力や回復力のような予備力から徐々に低下していきます。本書ではこうした老化に伴う高齢者の疾病をまとめます。

高齢者の病気と介護職

高齢者や障害のある人は、体の変調などをうまく訴えられなかったり、自覚症状に乏しいことがあります。だからこそ、日々接している介護職には、利用者の体調の変化を敏感に観察する視点が求められるのです。高齢者の病気には一般成人とは異なる特徴があります。その特徴を押さえておきましょう。

高齢者に特有な、罹病時の特徴

- 疾患が同時併発しやすい
- 1つの病気が慢性化しやすい。慢性疾患が多くなる
- 若年者とは症状や進行が異なる
- 自覚症状に乏しい
- 典型的な症状が出にくく、症状が非定型的
- 検査結果の個人差が大きく、検査結果と体調が必ずしも一致しない
- 身体の水分や電解質のバランスの異常をきたしやすい
- 妄想や幻覚といった精神症状を起こしやすい
- 合併症を併発しやすい
- 薬が効きにくかったり、副作用が出やすかったりする
- 経過や予後が社会的要因の影響を受けやすい

まずは、基本的な全身の名称をしっかり覚えましょう。

▼全身の名称（前面）

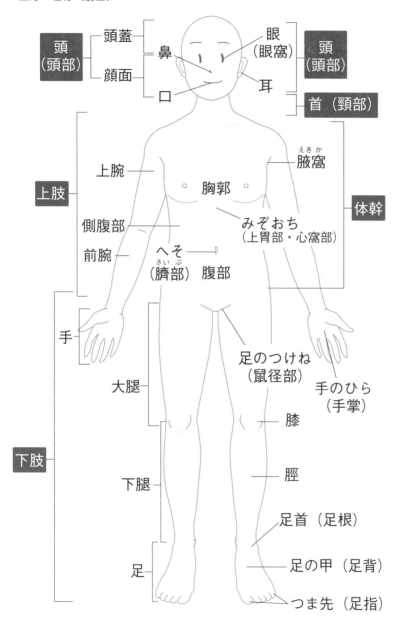

頭（頭部）
頭蓋
顔面
鼻
眼（眼窩）
口
耳
頭（頭部）
首（頸部）
上腕
腋窩（えきか）
胸郭
みぞおち（上胃部・心窩部）
体幹
上肢
側腹部
前腕
へそ（臍部）（さいぶ）
腹部
手
足のつけね（鼠径部）
手のひら（手掌）
大腿
膝
下肢
下腿
脛
足首（足根）
足
足の甲（足背）
つま先（足指）

序章

▼全身の名称（後面）

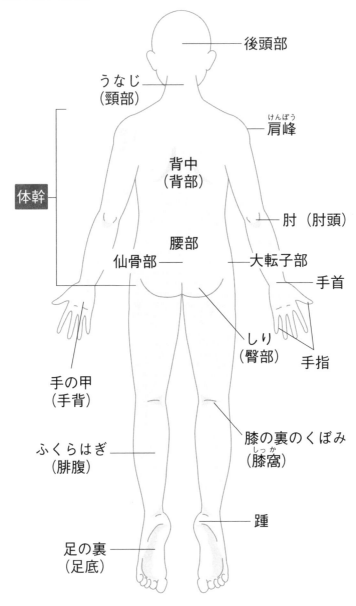

後頭部

うなじ
（頸部）

肩峰
けんぽう

背中
（背部）

体幹

肘（肘頭）

腰部

仙骨部

大転子部

手首

しり
（臀部）

手指

手の甲
（手背）

膝の裏のくぼみ
（膝窩）
しっか

ふくらはぎ
（腓腹）

踵

足の裏
（足底）

第1章

気になる症状と
疑われる疾患

　ここでは、よくある身体症状から、疑われる病気を学んでいきます。

　1つの病気にさまざまな症状が出ることも少なくありませんし、1つの症状に複数の病気がかくれていることもあります。

　身近にいる介護職だからこそ気づけるちょっとした変化が、背後にある病気の発見などにつながります。ここでは、頭が痛いとか口臭があるなどの症状から疾患をみていきますが、すべての症状を疾患に結び付けるのではなく、ケアが十分でないために、そのような症状が引き起こされている場合もあります。病気を疑う前に、基本的なケアがしっかり行われているかの確認も重要です。

全身の症状①

1-01 体がだるい（全身倦怠感）

高齢者のだるさには広範な病気が考えられ、それだけでは判断が難しいといえます。休養しても回復しないだるさには重大な病気が潜んでいることがあるので、随伴症状との組み合わせで、様子をみていくことが必要です。

症状チェックリストと疑われるおもな疾患

☐ 熱はありますか？　　　　　　☐ めまいがありますか？

☐ 食欲はありますか？　　　　　☐ 黄疸がありますか？

☐ むくみはありますか？　　　　☐ 皮膚が乾燥していますか？

他の症状	疑われる疾患	ページ
高熱	風邪・インフルエンザ	201
高熱・皮膚の乾燥	脱水症	211
食欲がない	消化器疾患	149 ～ 156
	がん（悪性腫瘍）	174 ～ 178
	脱水症	211
	低カリウム血症＊	注参照
食欲がない、不眠	うつ病	180
むくみ	心不全	142
	腎不全	169、170
	甲状腺機能低下症	163
黄疸	肝障害	155
	胆石	154
熱がなく、食欲がある	糖尿病	158 ～ 160
めまい	貧血	214
微熱が続く	甲状腺機能亢進症	164
	関節リウマチ	120

〔注〕＊低カリウム血症：血中のカリウムが低下し、脱力感、抑うつ、四肢麻痺などを引き起こす病気。

他の症状がない時…疑われる原因

　だるさが長期にわたって続く場合は慢性ウイルス感染症、膠原病、ビタミン B_1 欠乏症などがあります。ビタミン B_1 欠乏症は、偏食や激しい運動、糖分のとりすぎ、アルコールの常飲などで発症し、動悸・息切れなどの症状があります。

　また、季節の変わり目に自律神経やホルモンの乱れなどで体のだるさを感じることがあります。

Column 日常に潜むだるさを撃退しよう

　病気ではないけれど、体がだるくて快適な生活が送れないという場合は、心因性のものが多く、寝ている時や朝起きた時からだるさを訴えることがあります。身体疾患によるだるさと区別するために、睡眠不足になっていないか、ストレスの多い生活をしていないか、体力が落ち食事・入浴などの活動が大きな負担になっていないかなど、日常の過ごし方を見直してみることが必要です。

　以下の項目をチェックして、病気の早期発見に努めましょう。

①規則正しい生活を送っているか

②十分な休養をとっているか

③ストレスを適度に発散しているか

④栄養バランスのとれた食事をしているか

⑤食事や入浴、レクなどの後にぐったりしていないか

1-02 食欲がない・やせてきた

食欲の有無は、生活全般の活性度のバロメーター。季節・気分的な理由の他に、深刻な内臓疾患が潜んでいる場合もあるので、軽くみてはいけません。

症状チェックリストと疑われるおもな疾患

☐ ストレスが多い生活をしていますか？

☐ 疲れやすさ、不眠がありますか？

☐ 腹部膨満感、胸やけはありますか？

☐ 下血、吐血をしていますか？

☐ 皮膚の乾燥、便秘がありますか？

他の症状	疑われる疾患	ページ
疲労感が続く・不眠	うつ病	180
腹部膨満感・胃痛・胸やけ	胃炎	150
	胃潰瘍	151
空腹時に痛む	十二指腸潰瘍	151
吐き気・下血・吐血	胃がん	177
無気力感・皮膚の乾燥・便秘	甲状腺機能低下症	163

他の症状がない時…疑われる原因

　高齢者では、義歯が合っていなかったり、口内炎ができたりするなど、食べる機能に障害があることが食欲不振につながっていることが多々あります。

　食欲はあり、よく食べているのにやせてきた場合は、糖尿病・甲状腺機能亢進症などを疑う必要があります。

急に高熱が出た

体温調節機能が低下している高齢者は、異常があっても発熱しないことが少なくありません。平熱には個人差があるので、ふだんの体温と比較します。熱を下げることだけにとらわれず、原因を考える必要があります。

症状チェックリストと疑われるおもな疾患

☐ 呼吸が苦しそうだったり、咳・痰が出ていますか？

☐ 咽頭痛はありますか？   ☐ 尿が混濁していますか？

☐ 腹痛がありますか？   ☐ 食事中によくむせていますか？

☐ 皮膚が乾燥していますか？

他の症状	疑われる疾患	ページ
くしゃみ・鼻水・鼻づまり・咳・痰・声のかすれ・のどの痛み・頭痛・倦怠感・関節痛・胸の痛み、呼吸困難	上気道〜呼吸器感染	145 〜 147
	肺炎	146
	インフルエンザ	201
	新型コロナウイルス感染症	202
尿意頻回・排尿終末時痛・残尿感・腰背部痛・尿混濁、浮遊物や混入物・血尿・悪臭	尿路感染症	167、168
腰背部痛	腎盂腎炎	168
腹痛・吐き気・嘔吐・下痢	胆のう炎・虫垂炎	154
むせ、皮膚の乾燥	誤嚥性肺炎	146
	脱水症	211
滲出液の増加・悪臭・膿	褥瘡感染	186 〜 188

1-04 微熱が続く

体温は1日の中で時間帯や生活リズムなどによって微妙に変化します。37～38℃が一定期間持続したり、一定期間中に繰り返し出る場合を「微熱が続く」といいます。

症状チェックリストと疑われるおもな疾患

- [ ] 咳・痰が出ていますか？
- [ ] 息苦しいですか？
- [ ] 腹痛がありますか？
- [ ] 関節が腫れていますか？
- [ ] 疲れやすいですか？
- [ ] 鼻血、歯ぐきの出血がありますか？
- [ ] 眼球の突出がありますか？
- [ ] 体重の減少がありますか？

他の症状	疑われる疾患	ページ
咳・痰・体重減少・寝汗	肺結核	147
咳・痰	気管支炎・肺炎	146
胸痛・息苦しさ	オウム病*	注参照
腹痛	胆のう炎	154
	大腸憩室炎*	注参照
疲れやすい・関節の腫れ	関節リウマチ	120
疲れやすい・鼻血・歯ぐきからの出血	白血病	326
疲れやすい・眼球の突出	甲状腺機能亢進症	164

〔注〕 *オウム病：オウム、ハトなど鳥類の糞に含まれるクラミジアによって起きる気管支肺炎。

〔注〕 *大腸憩室炎：大腸の壁の一部が外へ袋状に飛び出し、その袋に便が詰まったりして炎症を起こす疾患。高齢者に多くみられ、腹痛・発熱、下血をすることもある。

1-05 立ちくらみがある

立ちくらみとは、急に立ち上がったり、姿勢を変えたりした時に、クラクラッとしたり、気が遠くなったりする状態です。繰り返し起こす場合は、貧血や脱水がないかを確認しましょう。

症状チェックリストと疑われるおもな疾患

☐ 息切れ、めまいがありますか？　　☐ 疲れやすいですか？

☐ 少し動いただけで動悸がしますか？　☐ ストレスの多い生活ですか？

☐ 急激に体重が減りましたか？

他の症状	疑われる疾患	ページ
息切れ・めまい・動悸	貧血	214
ストレス	自律神経失調症	323
急激にやせた	糖尿病	158 ～ 160

Column ｜ 血圧が下がっても立ちくらみは起こる

姿勢を変えた時、全身を流れる血流量の調節がうまくいかず、脳や心臓の血流量が減少し血圧が下がることを「起立性低血圧」といいます。パーキンソン病などのように自律神経の調節が難しくなる病気や利尿剤や抗うつ薬、向精神薬の副作用でも起こります。食後すぐに入浴したり急激に姿勢を変えたりすると起きやすいので、ゆっくり起き上がるようにし、長く臥床していた人は、状態をみながら少しずつベッドの角度を上げていき、起きる時間を長くしていくとよいでしょう。

1-06 気を失う

脳への血流が瞬間的に減少して起きる一時的な意識消失です。通常は数秒～数分で回復します。2～3分しても意識がはっきり戻らない時は、意識障害を疑います。

症状チェックリストと疑われるおもな疾患

- [ ] 不整脈（徐脈）がありますか？
- [ ] 手足の震えがありますか？
- [ ] こむらがえりを起こしていますか？
- [ ] けいれんを起こしていますか？
- [ ] 顔色が白っぽくなっていますか？

他の症状	疑われる疾患	ページ
不整脈	アダムス・ストークス症候群＊・心房細動	注参照
手足の震え	糖尿病（低血糖）	158～160
こむらがえり	脱水症・熱中症	211、216
けいれん	てんかん	―
	熱中症	216
血圧低下	起立性低血圧	25
眼球の結膜が白い	鉄欠乏性貧血	214

〔注〕 ＊アダムス・ストークス症候群：極端な徐脈、心停止、頻脈のために脳の酸素低下をきたす疾患。意識消失発作の予防にはペースメーカーを植え込む。

Column

脈の異常とは

正常な脈：60～80回／分（個人差あり）

頻脈：心拍数が100回／分以上

徐脈：心拍数が50回／分以下

不整脈：リズムが不規則になる

全身の症状⑦

1-07 頸部・わきの下に しこりがある

　まったく心配のいらない良性のものから悪性腫瘍まで、しこりにはさまざまなものがあります。痛みなどの自覚症状がない場合が多いので、丁寧な観察が必要です。

症状チェックリストと疑われるおもな疾患

☐ 痛みがありますか？

☐ 発熱はありますか？

☐ 声がかすれていますか？

☐ 水疱ができていますか？

☐ 次第に大きくなっていますか？

他の症状	疑われる疾患	ページ
痛みがあり、水疱がある	肋間神経痛	209
痛みがない	乳がん	178
痛みがなく、大きくなる	悪性リンパ腫 *	注参照
	がん（悪性腫瘍）	174 〜 178
熱がある	扁桃腺炎 *	注参照
声がかすれる	甲状腺がん *	注参照

〔注〕 ＊悪性リンパ腫：リンパ系の組織から発生する腫瘍。しこり以外の症状として、発熱、体重減少、盗汗（寝汗）などがある。

〔注〕 ＊扁桃腺炎：のどの奥にある口蓋垂の両脇にある扁桃腺が炎症を起こした状態。頸部リンパ節腫脹の他に、高熱、関節痛などの随伴症状がある。解熱剤を使用し、安静にしていればおさまる。

〔注〕 ＊甲状腺がん：甲状腺に生ずる悪性腫瘍。

全身の症状⑧

1-08 汗をひどくかく

汗をかくのは、体表から汗を蒸発させることで熱を逃がして体温を下げるためです。生理作用の1つですが、大量に汗をかく場合は要注意です。

症状チェックリストと疑われるおもな疾患

☐ 手足の震えがありますか？　　☐ 尿に甘いにおいがしますか？

☐ 大量の寝汗をかきますか？　　☐ 体重が減っていますか？

☐ 手のひら、足の裏だけ汗をかきますか？

他の症状	疑われる疾患	ページ
足の震え、体重減少	甲状腺機能亢進症	164
寝汗	肺結核	147
	白血病	326
甘いにおいの尿	糖尿病	158～160
手足だけに発汗	多汗症*	注参照

〔注〕＊多汗症：体温調節に必要な範囲を超えて、手、足、わきの下、顔などに、過剰に発汗する疾患。

介助のポイント

● スポーツなどで汗を多量に1時間以上かく時には脱水症に注意し、水分だけでなく塩分も一緒にとりましょう。

● 日常生活の中でかく汗では、食事から十分塩分がとれるので、水分補給だけで十分です。

手足が冷たい

入浴後なのに手足が冷たい……単なる冷え性と軽く考えてはいけません。
手足の冷えやしびれは重大な病気のサインであることが多いのです。

症状チェックリストと疑われるおもな疾患

- ☐ むくみはありますか？
- ☐ しびれがありますか？
- ☐ 息切れがしますか？

- ☐ 体がだるいですか？
- ☐ 左右で差がありますか？

他の症状	疑われる疾患	ページ
むくみ	甲状腺機能低下症	163
しびれ・ふくらはぎの痛み	閉塞性動脈硬化症（閉塞側のみ）	143
しびれ・腰痛	脊柱管狭窄症	124
息切れ・倦怠感	貧血	214

Column

冷え性とは

おもに自覚的症状による社会通念的な病名です。

①新陳代謝低下型：高齢者に多くみられる。疲れやすい、風邪を引きやすいなどの症状を伴う。

②末梢循環不全型：若い女性に多く、むくみ、頻尿を伴う。

③自律神経型：足は冷たいのに、顔はほてる「冷えのぼせ」。

④ストレス関与型：ホルモンや自律神経のバランスが崩れて起こる。いらいら、不眠、憂うつなどの症状を伴うことが多い。

1

気になる症状と疑われる疾患

1-10 出血しやすい

出血しやすいとは、正常では出血しないような軽い刺激で容易に出血する場合をいいます。血液凝固因子、血小板、血管壁の異常などが考えられます。

症状チェックリストと疑われるおもな疾患

☐ 貧血はありますか？　　　　　　　☐ 関節の腫れがありますか？

☐ 動悸・息切れがありますか？　　　☐ 発熱がありますか？

☐ 抗血液凝固剤を服用していますか？

他の症状	疑われる疾患	ページ
貧血・発熱	白血病	326
貧血・息切れ	再生不良性貧血*	注参照
関節の腫れ	血友病*	注参照

〔注〕 ＊再生不良性貧血：骨髄機能低下により、赤血球、白血球、血小板が減る病気。
〔注〕 ＊血友病：男子に多く発症する先天性の疾患。血液凝固因子が不足しているため、いったん出血すると血が止まりにくく、皮下血腫、関節出血、筋肉出血などの出血症状を繰り返す。

Column
高齢者の青あざ

高齢者は、血管や皮下組織がもろくなっているため、強く手を握るといった少しの圧迫で毛細血管が破れて皮下出血し、青あざになります（老人性紫斑）。紫斑は最初は赤く、時間が経過すると黒くなります。たいていは心配ありませんが、痛みを伴っていたり、大きさが手のひらより大きい時には受診しましょう。

のどが渇く

　高齢者はのどの渇きを自覚しにくい傾向にあります。のどが病的に渇く原因は、唾液の量が少ない状態と脱水状態とが考えられます。体だけでなく、精神的な面の影響も考慮して対応します。

症状チェックリストと疑われるおもな疾患

☐ 尿量が多いですか？　　　　　　☐ ストレスが多いですか？

☐ ドライアイがありますか？　　　☐ 利尿剤を飲んでいますか？

☐ 体重が減りましたか？　　　　　☐ 舌や口の中が乾燥していますか？

他の症状	疑われる疾患	ページ
多尿、唾液が出にくい	尿崩症*	注参照
多尿、体重減少	糖尿病	158 〜 160
ドライアイ、嚥下障害	シェーグレン症候群*	注参照
ストレス	自律神経失調症	323

〔注〕＊尿崩症：抗利尿ホルモンの分泌低下で体内への水分の再吸収が低下し、多尿（3L
　　　以上）になる疾患。

〔注〕＊シェーグレン症候群：涙や唾液が出にくいことを特徴とする自己免疫疾患。

Column
1日に必要な水分量

　人間の体の60%は水でできています。水がない場合、人間は平均して3日、長くても1週間と生きることはできません。体重50kgの成人が1日に必要とする水分量は、およそ1Lです。

1-12 眠れない

　睡眠は人間にとって必要不可欠なものです。高齢者の場合、若い頃に比べると必要とする睡眠時間が短くなってきます。昼寝の時間が長すぎないか、トイレに何度も行っていないか、体力の低下で連続した睡眠がとれなくなっていないかなど原因を探っていきましょう。

症状チェックリストと疑われるおもな疾患

☐ 食欲がありますか？　　　　　☐ 大きないびきをかきますか？

☐ 昼間も眠気がありますか？　　☐ 眠れない時足がムズムズしますか？

他の症状	疑われる疾患	ページ
食欲がない	うつ病	180
いびき、日中の眠気	睡眠時無呼吸症候群*	注参照
足がムズムズする	レストレスレッグス症候群*	注参照

〔注〕 ＊睡眠時無呼吸症候群：睡眠時に呼吸停止、または低呼吸になる病気。
〔注〕 ＊レストレスレッグス症候群：ムズムズするなど脚の深部に起こる不快な感じをいう。

▼不眠の種類

入眠障害	寝つくことが困難な状態。30分～1時間以上入眠できないが、いったん入眠すると朝まで眠る。
熟眠障害	熟睡が困難な状態。浅い眠りが続くので、疲れがとれにくく頭がボーッとするという状態が起こる。
中途覚醒	寝ている途中で何度も目が覚めてしまう状態。中高年に多く、夜中に2回以上目が覚めれば中途覚醒。
早期覚醒	寝つきはよくても早くに目が覚めてしまい、それ以降眠ることができない状態。交感神経の高ぶりで目がさえてしまうという状態。

介助のポイント

- 時間的な長さだけでなく、「ああよく眠れた」という熟睡感を得てもらいましょう。

- 眠りの質を考えるには、寝具や枕、寝室の環境（明るさ、温度・湿度、音）といった条件を整えましょう。朝は太陽の光を浴び、昼夜のメリハリをつけましょう。

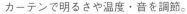

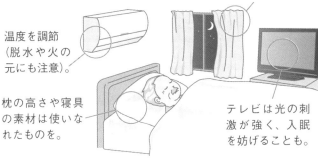

カーテンで明るさや温度・音を調節。

温度を調節
（脱水や火の
元にも注意）。

枕の高さや寝具
の素材は使いな
れたものを。

テレビは光の刺
激が強く、入眠
を妨げることも。

1

気になる症状と疑われる疾患

介助のポイント

眠剤（睡眠薬）の正しい使い方

- ①眠る準備を整え、ベッドに入る直前に薬を飲みます。

- ②薬を飲んだら、灯りを消して静かに目をつぶっています（眠れなくても横になっているだけでOK）。

静かすぎて眠れない時は、
小さく音楽を流します。

1-13 手足がむくむ・顔が腫れぼったい

むくみ（浮腫）は、指で押すとくぼんでその跡が残る状態で、血液中の水分が血管の外ににじみ出て、手足、顔、まぶたなどの皮膚の下にたまった状態です。脱水傾向にあるとむくみが症状として出にくい場合もあります。

症状チェックリストと疑われるおもな疾患

☐ 血圧の上昇（低下）がありますか？　　☐ 尿が出にくいですか？

☐ 黄疸、意識障害がありますか？　　　　☐ 呼吸困難がありますか？

☐ 足の静脈がふくれあがっていますか？　☐ 寒がっていますか？

他の症状	疑われる疾患	ページ
尿が出にくい、血圧上昇	急性糸球体腎炎	323
尿が出にくい、血圧低下	ネフローゼ症候群	77
呼吸困難、下肢にむくみ	うっ血性心不全	142
黄疸、意識障害	肝硬変	155
寒がる	甲状腺機能低下症	163
足の静脈がふくらんでいる	静脈瘤	323

介助のポイント

- 循環が悪い時に足踏みをすると血行がよくなり、静脈血やリンパの流れがよくなり、むくみが解消されます。

- 心臓から遠いところからむくみやすくなるので、足のマッサージは心臓に向かって行うと効果的です。

1-14 ろれつが回らない

ろれつが回らないとは、舌がうまく動かず、言葉がはっきりと出てこない状態です。最もよくいわれるのは、脳血管障害などの初期症状です。ろれつが回らないと感じたら、早めに受診することが病気の早期発見につながります。

症状チェックリストと疑われるおもな疾患

☐ 手足のしびれはありますか？　　☐ 舌に異常がありますか？

☐ 頭痛やめまい、吐き気はありますか？　　☐ 視覚に障害がありますか？

他の症状	疑われる疾患	ページ
手足のしびれ	脳梗塞	100
	脳内出血	100
	一過性脳虚血発作（TIA）	102
	パーキンソン病	106 ～ 107
	筋萎縮性側索硬化症（ALS）	109
	脳脊髄液減少症*	注参照
頭痛・めまい・吐き気・視覚障害	脳梗塞	100
	脳内出血	100
舌に異常	舌腫瘍*	注参照

〔注〕＊脳脊髄液減少症：脳脊髄液が漏れ出ることで、めまいや手足のしびれが出る。
〔注〕＊舌腫瘍：舌にできる腫瘍。初期は口内炎と似ているが、次第に大きく硬くなる。

他の症状がない時…疑われる原因

失語症（脳の言語中枢の障害）や運動障害性構音障害（頬や舌、のどの筋肉や神経の障害）によってろれつが回らなくなることがあります。

1

気になる症状と疑われる疾患

1-15 めまいがする

めまいは、①ぐるぐると目が回る、②フワフワとふらつく、③クラッとする、の3つに大きく分けられます。生活リズムの乱れやストレスがたまると起こりやすくなりますが、放っておくと脳梗塞や難聴などの重大な病気を見逃す可能性があります。

症状チェックリストと疑われるおもな疾患

- ☐ 吐き気や嘔吐がありますか？
- ☐ 血圧の異常がありますか？
- ☐ 意識障害や運動障害がありますか？
- ☐ 難聴や耳鳴りがしますか？
- ☐ 頭痛がありますか？

他の症状	疑われる疾患	ページ
吐き気・嘔吐	メニエール病	134
難聴・耳鳴り	脳腫瘍	—
	メニエール病	134
	突発性難聴	133
意識障害・運動障害	脳梗塞	100
	脳内出血	100
頭痛	脳梗塞	100
	脳内出血	100
	起立性低血圧	25
血圧の異常	高血圧症	138 〜 139
	低血圧症	—
眼球結膜が白い	貧血	214

1-16 体がふらふらする

　体のふらつきは、小脳など平衡感覚の中枢の障害による場合と、内耳にある感覚器官の障害による場合があります。しばしば転倒の原因となるので、手すりをつけたり障害物をなくすなど、環境を改善することも大切です。

症状チェックリストと疑われるおもな疾患

☐ 運動麻痺がありますか？　　　　　☐ 血圧の異常はありますか？

☐ 顔面蒼白がありますか？　　　　　☐ 動悸や息苦しさがありますか？

☐ 手足のしびれや麻痺がありますか？　☐ 頭痛がありますか？

☐ 耳鳴り・難聴・嘔吐・吐き気はありますか？

他の症状	疑われる疾患	ページ
運動麻痺	脊髄小脳変性症	105
	筋萎縮性側索硬化症（ALS）	109
	パーキンソン病	106 〜 109
血圧の異常	起立性低血圧	25
顔面蒼白・眼球結膜が白い	貧血	214
手足のしびれ	低血糖	159
動悸・息苦しさ	低血糖・不整脈	159、55
頭痛	脳梗塞・脳内出血	100
耳鳴り・難聴・嘔吐・吐き気	メニエール病	134

他の症状がない時…疑われる原因

睡眠薬によってふらつきが起きる場合があります。

神経の症状④

1-17 四肢がしびれる

神経の知覚異常をしびれといいます。四肢のしびれを起こす原因は一時的な血行障害によるものや、老化や筋肉疲労、末梢神経の障害、脳の病気の徴候など数多くあります。随伴症状がある場合は早めに受診しましょう。

症状チェックリストと疑われるおもな疾患

- [ ] 頭痛がありますか？
- [ ] 首に痛みがありますか？
- [ ] 言語障害・ろれつ障害がありますか？
- [ ] 下肢の冷感がありますか？
- [ ] 吐き気・嘔吐がありますか？
- [ ] 意識低下がありますか？

他の症状	疑われる疾患	ページ
頭痛	脳梗塞・脳内出血	100
吐き気・嘔吐	脳梗塞・脳内出血	100
首の痛み	頸椎椎間板ヘルニア	325
言語障害・ろれつ障害	脳内出血・脳梗塞・脳腫瘍	100
意識低下	過換気症候群*	注参照
片側の上肢または下肢の冷感	閉塞性動脈硬化症	143

〔注〕 ＊過換気症候群：無意識に呼吸しすぎることによって、血中の二酸化炭素が少なくなり呼吸困難に陥る症状。

他の症状がない時…疑われる原因

糖尿病による末梢神経障害や脳血管障害の後遺症で、しびれが出ることがあります。

1-18 手が震える

　意思とは無関係に手が振動してしまうことです。原因はさまざまで、脳や神経の病気とは限らないこともありますが、命にかかわるものもあります。

　震えは精神的緊張によってひどくなることもあるのでストレスを避けることが大切です。震えがみられる人にとって、周囲の目は気になるものです。震えをあまり指摘しないように心がけることも大切です。

症状チェックリストと疑われるおもな疾患

☐ 体重の減少やむくみがありますか？　　☐ 歩行障害がありますか？

☐ 発語障害、言語障害がありますか？　　☐ しびれがありますか？

☐ 頻脈や汗をたくさんかくなどがありますか？

他の症状	疑われる疾患	ページ
体重減少・頻脈・発汗過多・眼球突出・むくみ	甲状腺機能亢進症	164
歩行障害・発語障害・言語障害・嚥下障害	パーキンソン病	106 〜 107
	企図振戦（小脳性振戦）＊	注参照
	脊髄小脳変性症	105
しびれ・発語障害・言語障害・嚥下障害	脳梗塞	100

〔注〕 ＊企図振戦（小脳性振戦）：静止している時に震えは出ないが、何かをしようと動くと震えが出現する状態。

1-19 頭が痛い

　頭痛の症状は多様です。頭全体が痛む場合と部分的に痛む場合、また、痛みの程度にも強弱があります。今までに経験のない激しい痛みの場合は、直ちに病院受診をしましょう。片頭痛の持病がある人には、緊張を和らげることも大切です。

症状チェックリストと疑われるおもな疾患

☐ 手足の麻痺やしびれはありますか？　　☐ 意識の低下はありますか？

☐ 吐き気や嘔吐はありますか？　　　　　☐ 視覚に障害がありますか？

他の症状	疑われる疾患	ページ
手足のしびれ・麻痺	脳梗塞	100
	脳内出血	100
嘔吐・意識低下	くも膜下出血	100
麻痺・認知機能低下・失禁	慢性硬膜下血腫	104
吐き気・嘔吐	片頭痛	―
視覚障害・嘔吐	急性緑内障	129

他の症状がない時…疑われる原因

　狭心症などで使われる血管拡張剤により、頭痛が起きることがあります。

Column 痛み止めの乱用はやめよう！

　頭痛がするとすぐ薬を飲むことを続けていると、軽い頭痛のはずなのに、強い痛みを感じるようになることもあります。

1-20 首・肩が痛い

筋肉痛や肩こりではなく、慢性的に首・肩に痛みがある場合、別の病気によってそれが引き起こされていることがあります。また、痛みが関節にある場合と筋肉にある場合があり、さまざまな原因が考えられます。

症状チェックリストと疑われるおもな疾患

☐ 痛むのは関節ですか筋肉ですか？　　☐ 手先にしびれがありますか？

☐ 手首や膝などにも痛みがありますか？　☐ 胸の痛みがありますか？

他の症状	疑われる疾患	ページ
筋肉が痛む（左肩に痛み）	心臓疾患	140 〜 142
手足に痛み・しびれ、関節が痛む	関節リウマチ	120 〜 121
	変形性頸椎症	—
胸部痛	心筋梗塞	140 〜 141
	狭心症	140 〜 141

介助のポイント

● 筋肉疲労による首・肩こりの原因は、①肩の使いすぎ、②長時間の悪い姿勢、③運動不足、④精神的なストレスや緊張などです。

● 予防法として、運動前にストレッチ体操で筋肉を柔らかくする、肩を温める、ストレスをためない生活をするなどを心がけましょう。

目・耳・鼻・口の症状①

1-21 物が見えにくい

　加齢に伴い視力は低下し、視野も狭くなっていきますが、高齢者はその自覚が少ない場合があります。日常生活の中で、つまずきやすい、室内で物にぶつかるようになった、あるいは片側が見えていないようだなどの変化に気づくことが大切です。高齢者の視力障害で最も多い病気は白内障ですが、緑内障や黄斑変性症にも注意が必要です。まずは、視力検査を受けて、メガネがきちんと合っているかどうかチェックしましょう。

症状チェックリストと疑われるおもな疾患

☐ メガネは合っていますか？　　☐ 頭痛や吐き気はありますか？
☐ のどが渇きますか？　　　　　☐ 視力は急に低下しましたか？

他の症状	疑われる疾患	ページ
頭痛・吐き気	緑内障	129
	頭部外傷	—
のどの渇き	糖尿病性網膜症	158
視力が急激に低下	脳血管性疾患	99～103
視野が欠けている	黄斑変性症（中心が見にくい）	130
	緑内障（欠損部分が見にくい）	129
まぶしい・二重に見える	白内障	128
ひものようなものが見える	飛蚊症*	注参照

〔注〕＊飛蚊症：視野に糸くずやひものようなものが見える症状。

1-22 まぶたが下がってくる

　まぶたが下がってくる原因は、加齢により皮膚がたるんで起こるなどの神経や筋肉には異常がない場合と、脳や筋肉の疾患によるものとがあります。

　まぶたが下がると物が見えにくく、転倒をするおそれもあります。加齢による皮膚のたるみなどは手術で治せるものもあります。症状を確認し適切な対応が必要です。

症状チェックリストと疑われるおもな疾患

☐ 頭痛や片頭痛がありますか？　　☐ まぶたのけいれんがありますか？

☐ 物が二重に見えますか？　　　　☐ まぶしさがありますか？

他の症状	疑われる疾患	ページ
頭痛・片頭痛	眼瞼下垂*	注参照
まぶたのけいれん	眼瞼下垂*	注参照
	眼瞼けいれん	―
物が二重に見える	重症筋無力症*	注参照
	動眼神経麻痺	―
まぶしい	眼瞼けいれん	―

〔注〕 ＊眼瞼下垂（がんけんかすい）：加齢や眼筋の疾患により、上まぶたが下がってきて、まぶたが開きにくくなる病気。先天的なものもある。

〔注〕 ＊重症筋無力症：筋肉に神経の命令を伝達する物質がうまく伝わらないために、まぶたなどを含めあらゆる筋肉の力が低下する病気。

目・耳・鼻・口の症状③

1-23 耳鳴りがする

　一般的に耳鳴りには、音の原因があり本人だけでなく他の人にも聞こえるもの（他覚的耳鳴）と、音の原因がなく本人にしか聞こえないもの（自覚的耳鳴）があります。さまざまな病気によって起こりますが、単に加齢によって生じ、他の症状を伴わない原因不明のものも多くあります。

症状チェックリストと疑われるおもな疾患

☐ 音が他人にも聞こえますか？
〈他人にも音が聞こえる耳鳴りで疑われる疾患〉

　　顎関節症・高血圧症などによる耳の側の血管異常など

☐ 聞こえないもしくは聞こえにくくありませんか？
☐ めまいはありませんか？

他の症状	疑われる疾患	ページ
難聴	老人性難聴	133
	突発性難聴	133
めまい・難聴	メニエール病	134

Column 原因不明の耳鳴りとつきあうには

　四六時中頭の中で音がするのは、うっとうしいものです。ストレスによって耳鳴りが生じることもありますので、できるだけストレスの少ない生活を心がけることや、病気ではないのだから耳鳴りがあっても気にしないでおこうと、耳鳴りとうまく共存していくことも大切です。

1-24 におい・味を感じない

　食べ物のにおいや味を感じないと訴える高齢者がときどきみられます。においや味を感じなくなってしまうことは、毎日の楽しみである食事をまったく味気ないものにしてしまいます。においは、嗅神経を通して脳に伝達されることによって感じるものですから、鼻から脳に至る神経に障害が起きるとにおいを感じなくなります。

症状チェックリストと疑われるおもな疾患

☐ 鼻は詰まっていませんか？　　☐ 風邪を引いていませんか？
☐ いつも鼻水が出ていませんか？

他の症状	疑われる疾患	ページ
鼻づまり	風邪・鼻炎	—
絶えず膿のような鼻水が出る	慢性副鼻腔炎	—

他の症状がない時…疑われる原因

　風邪などによる副鼻腔などの炎症以外で、においを感じなくなる原因として考えられるものに、脳の疾患、頭部外傷、薬の副作用から神経に障害が生じた場合などがあります。また、新型コロナウイルス感染症の後遺症や神経症、統合失調症などで嗅覚に異常が起こることもあります。味を感じなくなる原因は、加齢に伴う味覚の低下の他に、偏った食事による亜鉛不足も考えられます。

1-25 口臭がある

　加齢とともに唾液の分泌量が低下し、経管栄養や点滴などで口から食物をとらないと、さらに唾液分泌が促されず、口臭の原因になります。また、不十分な口腔ケアや喫煙、においの強い食べ物でも口臭が起こります。

症状チェックリストと疑われるおもな疾患

☐ 口腔内は清潔ですか？　　　　　☐ 口腔内が乾燥していませんか？

☐ 虫歯やはぐきの腫れはありませんか？　☐ 疲れやすいですか？

☐ 舌の汚れはありませんか？　　　☐ 発熱はありますか？

他の症状	疑われる疾患	ページ
熱がある（口腔内の乾燥により口臭が発生）	→高熱が出た	23
	→微熱が続く	24
疲れやすい	糖尿病	158 〜 160
	肝硬変	155
	腎不全	169、170
	消化器系の疾患	150 〜 156
歯ぐきが腫れている	歯周病、虫歯	135

Column 生理的な口臭とは

　起床時や睡眠中に、唾液分泌量が低下することで口腔内が乾燥して、口の中にある食べ物のかすなどからいやなにおいが発生するものをいいます。

1-26 歯肉が腫れる・歯がぐらぐらする

歯肉の腫れや歯のぐらつきの原因には、さまざまなものがありますが、最も可能性が高いのは、歯肉に炎症の起きる歯肉炎や歯周病です。歯肉の腫れや出血の予防には、適切な口腔ケアを行うことが大切です。

症状チェックリストと疑われるおもな疾患

☐ 出血はありますか？

☐ 食べ物を咀嚼する時に痛みがありますか？

☐ 口臭がありますか？

☐ 入れ歯は合っていますか？

他の症状	疑われる疾患	ページ
出血・痛み・口臭	歯周病	135
入れ歯が合わない	義歯性口内炎	─

介助のポイント

● 歯や口腔内の健康を整えることは、体全体の健康につながります。

● 定期的な歯科受診で、歯石の除去や歯周病・虫歯などの治療を行いましょう。

● 食後には歯みがきを行い、食べ物のかすや口腔内の汚れを取り除きます。残っている歯は1本ずつタフトブラシなどで丁寧に磨き、入れ歯も外してきれいに洗いましょう。（→口腔ケアの詳細は P.245 ～ P.255 参照）

1-27 目・耳・鼻・口の症状⑦ 声がかすれる（嗄声が ある）

風邪を引いたり、話しすぎたりすると声がかすれることがあります。高い声が出ない、長く声を出し続けることができない、話すと痰がからむ、息が切れるなど声の変化も大切な観察項目です。

症状チェックリストと疑われるおもな疾患

☐ 痰がからんでいませんか？　　　☐ 物をきちんと飲み込めますか？

☐ のどにひっかかりがありますか？　☐ 息切れがありませんか？

☐ 物を飲み込んだ後に声がかすれますか？

他の症状	疑われる疾患	ページ
のどにひっかかりがある	声帯ポリープ	―
飲み込みに障害がある	（脳梗塞後の）声帯麻痺	―
	咽頭がん	320
食後に声がかすれる	嚥下障害→嚥下のしくみ	50
息が切れる・痰がからむ	慢性閉塞性肺疾患（COPD）	148

介助のポイント

- 「あー」と声を出すと変化が確認しやすくなります。
- 数日で治るものは心配ありませんが、長くかすれが続く場合は注意深く全身の状態を観察しましょう。
- 食後に声がかすれたりムセが多くみられたりする時には、嚥下障害が進んでいる疑いがあります。
- 話すと息が切れる時は呼吸機能低下も考えられます。

48

1-28 物が飲み込みにくい

　食べ物が飲み込みにくくなるという嚥下障害が起きると、食事をスムーズにできなくなるので、生活の質を低下させることになります。口腔ケアや食事の姿勢、環境を整えることはもちろん大切なことですが、原因となる疾患とその症状を知ることで、ケアの工夫も変わってきます。

症状チェックリストと疑われるおもな疾患

- [ ] 食事の環境・姿勢は適切ですか？
- [ ] 口腔内は清潔ですか？
- [ ] 口腔内に痛みがありますか？
- [ ] 体に麻痺がありますか？
- [ ] 手指が動きにくくありませんか？
- [ ] 胸やけがありますか？

他の症状	疑われる疾患	ページ
麻痺がある	脳梗塞・脳内出血・くも膜下出血	100
	球麻痺・仮性球麻痺	322
胸やけがある	逆流性食道炎	152
手指が動きにくい	筋萎縮性側索硬化症（ALS）	109
口腔内の痛み	咽頭がん・舌がん	320、324
	口内炎	―
吐き気がある	食道アカラシア*	注参照

〔注〕＊食道アカラシア：食道と胃の間の食道胃接合部が弛緩しないため、通過障害と食道の拡張がみられる病気。

嚥下のしくみ

物がうまく飲み込めない場合、①〜④（咀嚼・食塊の形成・嚥下反射）の
どこに問題があるのかをみることが重要です。

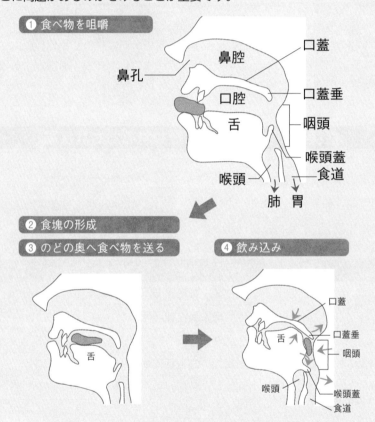

食べ物がのどの奥の粘膜に触れると、不随意な反射的運動
（自分では意識してコントロールできない）が起きます。
1. 口蓋が下がり、舌が盛り上がって口腔と咽頭を遮断する
2. 口蓋垂が上がり、鼻腔と咽頭を遮断する
3. 喉頭蓋が閉じて、喉頭と咽頭を遮断する
4. 咽頭の筋肉が収縮する
5. 食道の上部の筋肉がゆるむ

　嚥下反射の起きる（物を飲み込む）時は、無意識に息を
止めています。

1-29 動悸・息切れがする

動悸・息切れを伴う病気は、心臓が原因で起きるものと、発熱や貧血など心臓以外が原因で起きるものとに分けられます。苦しい状態となるので、不安を取り除く声かけも必要です。

症状チェックリストと疑われるおもな疾患

☐ 発熱がありますか？　　☐ 胸痛はありますか？
☐ 脈の異常はありますか？　　☐ 震えがありますか？
☐ めまいやしびれがありますか？　　☐ 咳や痰が出ますか？

他の症状	疑われる疾患	ページ
発熱	心筋炎*	注参照
胸痛	心筋炎*	注参照
	肥大型心筋症	—
	心臓神経症*	注参照
脈の異常	不整脈	55
震え	甲状腺機能亢進症	164
	低血糖	159
	パニック障害*	注参照
咳・痰	慢性閉塞性肺疾患（COPD）	148
めまい・しびれ	過換気症候群	38
	パニック障害*	注参照
	心臓神経症*	注参照
眼球の結膜が白い	貧血	214

〔注〕＊心筋炎：感染症、中毒あるいは原因不明で発症する心筋の炎症。
〔注〕＊心臓神経症：心臓に病変はないのに胸痛など心臓に関連した症状を起こす病気。
〔注〕＊パニック障害：突然強い不安に襲われ、パニック状態に陥る精神疾患。

1

気になる症状と疑われる疾患

胸の症状②

1-30 ゼイゼイする（喘鳴）

「ゼイゼイ」「ヒューヒュー」という異常な呼吸音を喘鳴といいます。これは、気道や気管支が一部狭くなった時に聞かれるもので、息切れや息の吐きにくさを伴います。

症状チェックリストと疑われるおもな疾患

☐ 咳・痰が出ますか？   ☐ 息苦しさがありますか？

☐ 声がれがありますか？   ☐ 嚥下困難がありますか？

☐ 喀血をしましたか？   ☐ 呼吸困難がありますか？

他の症状	疑われる疾患	ページ
咳・痰・息苦しさ	気管支喘息	―
	慢性閉塞性肺疾患（COPD）	148
声がれ・嚥下困難	喉頭がん	―
喀血	僧帽弁狭窄症*	注参照
呼吸困難	急性喉頭炎	―
	肺水腫	―
	無気肺	―

〔注〕 ＊僧帽弁狭窄症：左心房と左心室の間にある僧帽弁が狭窄して、息切れ、動悸、呼吸困難を引き起こす病気。

介助のポイント

● 本人が呼吸しやすい楽な姿勢をとらせ、気持ちを落ち着けるように背中をさするなどの対応をしましょう。

● 臥床よりも上半身を起こすほうが楽に呼吸ができます。

胸の症状③

1-31 胸が痛い

胸の痛みは、死亡につながる危険なものから、数時間の検査の遅れなどがあっても危険には及ばないものまでさまざまです。また、胸の痛みの強さと頻度は、病気の軽重と必ずしも相関しないので注意が必要です。

症状チェックリストと疑われるおもな疾患

☐ 背部痛がありますか？　　　　☐ 吐き気・嘔吐がありますか？

☐ 意識障害がありますか？　　　　☐ 呼吸困難がありますか？

他の症状	疑われる疾患	ページ
背部痛	急性膵炎	322
	狭心症	140
	大動脈解離	—
吐き気・嘔吐	狭心症	140
	急性膵炎	322
	胆石症	154
	逆流性食道炎	152
意識障害・呼吸困難	心筋梗塞	140
呼吸困難	狭心症	140
	心不全	142
	肺がん	175

介助のポイント

● 狭心症で、ニトログリセリンを舌下錠で1錠、スプレーで1プッシュしても症状が改善しない場合は、即救急車で病院へ！　心筋梗塞へ移行している危険性があります。

1-32 食べ物がつかえる

この症状で特に注意をしなければならないのは食道がんです。全体に物がつかえる感があるというような、あいまいな症状でも見過ごさず、早めに受診することが早期発見につながります。

症状チェックリストと疑われるおもな疾患

☐ 声がれがありますか？　　　　　☐ 咳や血痰が出ますか？

☐ 胸やけ・げっぷの症状がありますか？　　☐ 口臭がありますか？

他の症状	疑われる疾患	ページ
声がれ	食道がん*	注参照
	逆流性食道炎	152
咳・血痰	食道がん*	注参照
胸やけ・げっぷ	逆流性食道炎	152
口臭	食道憩室*	注参照

〔注〕 ＊食道がん：のどと胃をつなぐ管の粘膜に発生するがん。喫煙、多量の飲酒が原因になると考えられている。

〔注〕 ＊食道憩室：食道壁の一部がテント状に外側へ突出した状態。

他の症状がない時…疑われる原因

食道はもともと生理的に細くなっている場所があるので、神経過敏になると、他に悪いところがなくても物を飲み込むたびにつかえる感じがします。

検査を行い、何事もないことがわかると治ることがあります。安心してもらうためにも、一度医療機関を受診するとよいでしょう。

1-33 どきどきする・脈が飛ぶ（不整脈）

不整脈とは、脈の乱れを意味します。不整脈を認めても、それほど心配のいらない一時的なものと、直ちに治療を開始しなければ命にかかわるものまでさまざまです。

症状チェックリストと疑われるおもな疾患

☐ 息切れ・呼吸困難がありますか？　　　☐ 意識低下がありますか？

☐ 下肢のむくみがありますか？　　　　　☐ 胸の痛みがありますか？

☐ 震えはありますか？

他の症状	疑われる疾患	ページ
息切れ・呼吸困難	心臓弁膜症*	注参照
	心不全	142
意識低下	心室細動*	注参照
下肢のむくみ	心臓弁膜症*	注参照
	心不全	142
胸の痛み	心筋梗塞	141
動悸	心室頻拍	—
震え	甲状腺機能亢進症	164

〔注〕 ＊心臓弁膜症：心臓の弁が閉鎖不全を起こし、押し出した血液が戻ってくる病気。
〔注〕 ＊心室細動：非常に速くて乱れた電気刺激によって、心室が細かく収縮する不整脈。

他の症状がない時…疑われる原因

心拍数が増加するような不整脈（頻脈性不整脈）は、運動、精神的ストレス、飲酒、喫煙などによって誘発されますが、多くの場合自然に消失します。

1-34 咳・痰が多い

咳・痰は、胸部の病気では非常によくみられる症状で、原因はさまざまです。高齢者の場合は、慢性的に咳や痰が多いので、原因となる病気を見逃す可能性があります。

症状チェックリストと疑われるおもな疾患

- ☐ 鼻水やのどの痛みがありますか？
- ☐ 夜間睡眠時の方が咳が多いですか？
- ☐ 胸の痛みがありますか？

- ☐ 息切れがありますか？
- ☐ 発熱がありますか？
- ☐ 呼吸困難がありますか？

他の症状	疑われる疾患	ページ
鼻水・のどの痛み	気管支炎	―
息切れ	肺炎	146
	慢性閉塞性肺疾患（COPD）	148
胸の痛み	肺炎	146
発熱	気管支炎	―
	肺炎	146
呼吸困難	気管支拡張症	322
夜間睡眠時の咳	心不全	142

介助のポイント

- 日常から、咳の頻度や痰の色（黄色、緑色、鉄錆色など）を観察することも重要です。

- 空気の乾燥や脱水によって、痰の粘り気が強くなり切れにくくなります。湿度と水分に注意しましょう。

1-35 痰に血が混じる

　痰に血が混じる原因は、単に咳のしすぎによる軽いものから、肺がんなどの生命にかかわるものまでさまざまです。血が混じっていると不安が大きくなるため、声かけなどをして不安の軽減に努め、速やかに医療機関を受診することが大切です。

症状チェックリストと疑われるおもな疾患

☐ 咳が出ますか？ 　　　　　　☐ 呼吸困難がありますか？

☐ 体重減少がありますか？ 　　☐ 胸の痛みがありますか？

☐ 発熱がありますか？ 　　　　☐ 声がれがありますか？

他の症状	疑われる疾患	ページ
咳	肺がん	175
	気管支拡張症	322
	肺結核	147
呼吸困難	肺がん	175
	肺血栓塞栓症＊	注参照
	気管支拡張症	322
体重減少	肺がん	175
胸の痛み	肺がん	175
声がれ	喉頭がん	―

〔注〕　＊肺血栓塞栓症：静脈にできた血栓、脂肪、空気などが肺動脈に詰まる疾患。

1-36 お腹が痛い

　腹痛は、消化器、泌尿器、血管、筋肉、腹膜など、腹腔内にある器官の変化で起こります。また、心臓の病気でも起こり、病気の中で腹痛を主症状とするものはさまざまあります。原因不明の腹痛も多くありますが、痛みの程度や部位、症状を探り、適切な対応が肝要です。原因がわからないまま、むやみに温めたり、薬を使ったりすることは避けましょう。

症状チェックリストと疑われるおもな疾患

- [ ] 吐き気・嘔吐はありますか？
- [ ] 吐血がありますか？
- [ ] 下血がありますか？
- [ ] 胸の痛みがありますか？
- [ ] 呼吸困難はありますか？
- [ ] お腹のどのあたりが痛みますか？

他の症状	疑われる疾患	ページ
吐き気・嘔吐・吐血	胃炎	150
	胃・十二指腸潰瘍	151
	胃がん	177
嘔吐・下痢・発熱	食中毒	203 〜 205
下血	胃炎	150
	胃・十二指腸潰瘍	151
	胃がん	177
	大腸がん	176
呼吸困難	心筋梗塞	140 〜 141
腰痛	腹部大動脈瘤	144

▼腹部の名称

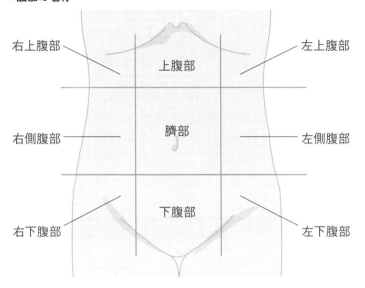

右上腹部 / 左上腹部
上腹部
右側腹部 / 左側腹部
臍部
右下腹部 / 左下腹部
下腹部

腹部の部位による痛みから疑われるおもな病名は以下の通りです。

およその部位	疾患名
右上腹部	胆石・十二指腸潰瘍・胆のう炎など
上腹部中央	胃炎・胃潰瘍・十二指腸潰瘍・胃がん・急性膵炎・心筋梗塞など
左上腹部	胃潰瘍・急性膵炎など
右下腹部	急性虫垂炎・腸閉塞・急性胆のう炎など
下腹部中央	大腸憩室炎・腸閉塞・尿閉
左下腹部	急性腸炎・大腸がんなど
腹部全体が痛む場合	腹膜炎・腸閉塞・急性膵炎など

 介助のポイント

● 冷えた時や腸の動きが悪くガスがたまった時は、温めると楽になります。また、時計回りにマッサージするとよいでしょう。

● ただし、腹膜炎や虫垂炎では絶対に温めてはいけません。

1-37 吐き気・嘔吐

吐き気は、みぞおちから胸のあたりがむかむかする不快感で、悪心（おしん）ともいいます。嘔吐は、胃の内容物を吐いてしまうことです。上部消化管（胃など）の内容物を早く除去しようとして、脳内にある嘔吐中枢がさまざまな病気やストレス、乗り物酔いなどの心因性の因子などによって刺激されて嘔吐が起こります。

症状チェックリストと疑われるおもな疾患

☐ 腹痛がありますか？　　　　☐ 頭痛がありますか？

☐ 胸痛がありますか？　　　　☐ めまいがありますか？

☐ むくみがありますか？

他の症状	疑われる疾患	ページ
腹痛	胃炎	150
	胃・十二指腸潰瘍	151
	胃がん	177
頭痛	脳内出血・脳梗塞	100
	くも膜下出血	100
	片頭痛	―
胸痛	心筋梗塞	140 ～ 141
めまい	メニエール病	134
	突発性難聴	133
むくみ	腎不全	169、170
下痢・腹痛	食中毒（ノロウイルスなど）	203 ～ 205

1-38 血を吐いた

出血の原因は多岐にわたります。咽頭や食道からの出血は、鮮紅色をしていることが多く、胃や十二指腸からの出血は茶褐色をしていることが多くなります。血液は胃液に触れると茶褐色～黒に変化します。速やかに受診することが大切です。

症状チェックリストと疑われるおもな疾患

☐ 下血がありますか？　　　　☐ 吐き気・嘔吐がありますか？

☐ 腹痛がありますか？　　　　☐ 咳が出ますか？

☐ 胸の痛みはありますか？　　☐ 呼吸困難がありますか？

他の症状	疑われる疾患	ページ
下血	食道静脈瘤	323
吐き気・嘔吐	食道がん	54
腹痛	胃・十二指腸潰瘍	151
	胃がん	177
咳	肺がん	175
胸の痛み	肺がん	175
	肺血栓塞栓症	57
呼吸困難	肺がん	175
	肺結核	147
	肺血栓塞栓症	57

1-39 胃がもたれる・胸やけ

胃がもたれるとは、何となくみぞおちのあたりが張って気分が悪い症状です。胸やけは、胃からのどにかけてジリジリと焼ける感じのことをいいます。

症状チェックリストと疑われるおもな疾患

☐ 吐き気・嘔吐はありますか？　　☐ 胸の痛みはありますか？

☐ 下痢・便秘がありますか？　　　☐ 血便はありますか？

☐ 腹痛はありますか？

他の症状	疑われる疾患	ページ
吐き気・嘔吐	逆流性食道炎	152
	胃・十二指腸潰瘍	151
	胃炎	150
胸の痛み	逆流性食道炎	152
下痢・便秘・血便	胃がん	177
腹痛	胆石症	154

介助のポイント

● 食べすぎや飲みすぎといった一時的なものは心配ありませんが、何週間も続く場合や随伴症状がある場合は注意が必要です。

● お酒、タバコを控えたり、消化のよいものをよく噛んで食べるなどの工夫も大切です。

1-40 上腹部にしこりがある

　上腹部のしこりは、お腹の中の臓器に腫瘍ができる場合、臓器自体が大きくなる場合、皮膚やお腹の壁にできものができる場合などがあります。しこりがなかなか消えない場合には腫瘍によるものの可能性があるので、速やかに医療機関を受診して検査を受けてください。

症状チェックリストと疑われるおもな疾患

☐ 吐血・下血がありますか？　　☐ 黄疸の症状がありますか？

☐ 腰痛がありますか？　　　　　☐ 吐き気・嘔吐がありますか？

☐ 血尿がありますか？　　　　　☐ 食欲不振や体重減少がありますか？

他の症状	疑われる疾患	ページ
吐血・下血	胃がん	177
黄疸	膵臓がん	324
	肝臓がん	―
	胆道がん	―
腰背部痛	膵臓がん	324
血尿	腎臓がん	―
食欲不振	肝臓がん	―
	胃がん	177
	膵臓がん	324
吐き気・嘔吐	胃がん	177
	脾腫*	注参照
拍動を感じる	動脈瘤	144

〔注〕 ＊脾腫：脾臓が腫大した状態。

お腹が張る

腹部膨満感の原因は、胃腸内にガスや食べ物がたまった場合、お腹の中に腫瘍ができた場合、腹水や尿がたまる場合などがあります。食べすぎや飲みすぎの場合で起こることがありますが、命にかかわる病気の可能性もあるため、軽く考えないで医療機関を受診してください。

症状チェックリストと疑われるおもな疾患

☐ 吐き気・嘔吐がありますか？　　☐ 下痢をしていますか？

☐ 便秘がありますか？　　　　　　☐ 腰痛がありますか？

☐ 血便・下血がありますか？　　　☐ 腹痛がありますか？

他の症状	疑われる疾患	ページ
吐き気・嘔吐	腸閉塞	153
	胃炎	150
下痢	大腸がん	176
便秘	卵巣腫瘍*	注参照
	大腸がん	176
血便・下血	大腸がん	176
腰痛	子宮筋腫*	注参照
	腸閉塞	153
腹痛・腹水	腹膜炎	212
黄疸・腹水	肝硬変	155

〔注〕＊卵巣腫瘍：卵巣にできた腫瘍。
〔注〕＊子宮筋腫：子宮にできる良性腫瘍。

1-42 便秘が続く

便秘は、病気が原因で起こる器質性便秘と、大腸の機能異常による機能性便秘の2つに大別されます。繊維質の多い食物を規則正しくとることや、便意を我慢しないなど、生活と排便のリズムを習慣づけることも大切です。

症状チェックリストと疑われるおもな疾患

☐ 腹痛はありますか？　　☐ 血便はありますか？

☐ 腹部膨満感がありますか？　　☐ 歩行障害がありますか？

他の症状	疑われる疾患	ページ
腹痛	腸閉塞	153
	大腸がん	176
血便・下痢と便秘を繰り返す	大腸がん	176
	直腸がん	─
腹部膨満感	卵巣腫瘍	64
	腸閉塞	153
歩行障害	頸椎症	─
	脊髄の腫瘍	─

他の症状がない時…疑われる原因

パーキンソン病、脊髄損傷などの自律神経症状としての便秘もあります。環境の変化やストレス、便意が起きた時にトイレへ行けないなどの原因でも便秘が続く場合があります。

1-43 急に下痢をした・下痢が続く

下痢には、細菌やウイルスなどが原因で起こる急性の下痢、ストレスなどが原因で起こる下痢、大腸がんなどの病気が原因で起こる下痢があります。また、消化不良やお腹の冷えで起こることもあります。

症状チェックリストと疑われるおもな疾患

☐ 腹痛はありますか？ ☐ 吐き気・嘔吐はありますか？

☐ 血便はありますか？ ☐ 黄疸がありますか？

他の症状	疑われる疾患	ページ
腹痛	食中毒	203 ～ 205
	大腸がん	176
	大腸憩室症*	注参照
	過敏性腸症候群	67
吐き気・嘔吐	食中毒	203 ～ 205
	アルコール性肝炎	155
血便	大腸がん	176
	大腸憩室症*	注参照
黄疸	アルコール性肝炎	155

〔注〕 ＊大腸憩室症：大腸粘膜の一部が腸壁外に突出する憩室が多発した状態。

介助のポイント

● 下痢は腸内のものを体外へ出そうとする身体の反応でもあるので、食中毒が疑われる時にはむやみに下痢止めを使ったり、腹部を温めてはいけません。

● 脱水症状に注意し、十分な水分補給をしましょう。

1-44 便が細くなった

便は、直腸と肛門の機能によって、太さが決まります。排便時、大腸の収縮が強くなると、便が細くひも状になります。この原因は、腫瘍や潰瘍などの病気の他、食事の内容や体調による場合など、さまざまです。

症状チェックリストと疑われるおもな疾患

☐ 腹痛はありますか？　　　　☐ 血便はありますか？

☐ 便秘がありますか？　　　　☐ 下痢がありますか？

☐ 痔がありますか？

他の症状	疑われる疾患	ページ
腹痛	大腸がん	176
	直腸がん	―
	過敏性腸症候群*	注参照
血便	大腸がん	176
便秘	大腸がん	176
	直腸がん	―
下痢	大腸がん	176
痔	肛門狭窄*	注参照

〔注〕 ＊過敏性腸症候群：消化管全体の運動性の障害により腹痛や便秘、下痢を起こす状態。ストレス、食事、薬などわずかな刺激が引き金になる。

〔注〕 ＊肛門狭窄：さまざまな原因で肛門が狭くなった状態。痔などで肛門括約筋の炎症を繰り返すことも原因の１つ。

他の症状がない時…疑われる原因

精神的なストレスにより便が細くなることもあります。

1-45 血便が出た

胃や小腸からの出血は、胃液によって黒色になり、タール便（黒い粘りのある便）になります。大腸からの出血は赤褐色の便、鮮紅色の便の原因は、S状結腸や直腸、肛門部からの出血です。その他、薬や食物の影響で便の色が変わることがあります。大量出血があるとショックが起こるため、直ちに医療機関を受診してください。

症状チェックリストと疑われるおもな疾患

- ☐ 腹痛はありますか？
- ☐ 便秘がありますか？
- ☐ 貧血がありますか？
- ☐ 下痢はありますか？
- ☐ 吐き気・嘔吐がありますか？

他の症状	疑われる疾患	ページ
腹痛	大腸がん	176
	潰瘍性大腸炎＊	注参照
	急性胃腸炎	―
下痢	大腸がん	176
	潰瘍性大腸炎＊	注参照
	出血性大腸炎	―
	急性胃腸炎	―
	直腸炎	―
便秘	大腸がん	176
	大腸憩室症	66
吐き気・嘔吐	急性胃腸炎	―
貧血	直腸炎	―

〔注〕 ＊潰瘍性大腸炎：大腸の粘膜に潰瘍やただれができる病気。

1-46 便に血が混じる

便の表面や拭いた紙に血がつく場合は、痔核の可能性が高いでしょう。便に血が混じる時は、痔の他に、大腸がんなどの可能性もあるので注意が必要です（血便が出た P.68 参照）。また、ニンジンやトマトの皮など未消化の食物の混入を血と見間違えることもあります。

症状チェックリストと疑われるおもな疾患

☐ 肛門に痛みがありますか？　　☐ 膿が出ますか？

☐ 便秘がありますか？

他の症状	疑われる疾患	ページ
肛門痛	痔	156
	痔ろう	156
	血栓性外核痔	156
	肛門ポリープ	―
	大腸ポリープ	―
	裂肛	156
膿	痔ろう	156
便秘	裂肛	156

Column 痔の予防

日常生活の注意点として、①繊維質の多いものを摂取して規則正しい便通を促す、②肛門を常に清潔に保つ、③適度な運動をしてストレスを解消する、④アルコール飲料や刺激の強い食べ物を控えることなどがあげられます。

Column 便の性状

　健康な便は、適度に軟らかくバナナ様の大きさのものといわれています。量や排便の回数には個人差がありますが、通常健常な人では1日100～250g、1～3回ないし3日に1度程度が正常の目安です。

　以下のブリストル便スケールの3～5が正常便と呼ばれる性状のものです。

　介護記録などに記載する際には、共通の基準で観察・記録することが大切です。

▼ブリストル便スケール

消化管の通過時間	性状	説明
非常に遅い（100時間）	1. 兎糞便（ウサギの糞状便）	硬くコロコロの便
	2. 硬便	短く固まった硬い便
	3. 有形硬便	水分が少なく、ひび割れている便
	4. 有形軟便	適度な軟らかさの便
	5. 軟便	水分が多く、非常に軟らかい便
	6. 泥状便	形のない泥のような便
非常に早い（10時間）	7. 水様便	水のような便

＊その他、ドロッとした粘液のような便もある。（粘膜便）

薬や食物による便と尿の色の変化

　複数の薬を常用している高齢者はめずらしくありません。便や尿は、薬や食物によって色が変化することを知っておきましょう。

　「血便が出た（P.68）」「便に血が混じる（P.69）」や「尿が赤い（P.72）」で便や尿の色について説明がありますので、あわせて読んでください。

　ここでは、介護現場でよくみる薬剤と便や尿の色の変化を示しました。

▼薬の影響による便の色の変化

便の色	薬の種類	薬名（一般名）
赤	抗菌薬	セフジニル
橙赤	抗結核薬	リファンピシン
黒	鉄剤（貧血治療薬）	フマル酸第一鉄、クエン酸第一鉄
灰白色	バリウム類	硫酸バリウム
白	抗がん剤	テガフール・ギメラシル・オテラシルカリウム

▼薬の影響による尿の色の変化

尿の色	薬の種類	薬名（一般名）
橙色	抗結核薬	リファンピシン
ピンク〜赤〜赤褐色	抗てんかん薬	フェニトイン
茶褐色	抗菌薬	セフジニル
赤	抗菌薬	ミノサイクリン
黄褐色〜赤	下剤	センナ末

　薬剤以外では、コーヒーやビールなどは利尿作用があり、尿の色を薄めるため透明に近い色になります。また、汗を多くかいたあとは、濃い黄色の尿になることもあります。これは脱水のサインのこともあるので、水分を多くとりましょう。

気になる症状と疑われる疾患　1

1-47 尿が赤い

　血尿は、尿をつくる腎臓〜尿の排泄経路（尿管）〜膀胱・尿道のどこかで出血しているということで、ほとんどの場合で病気が疑われます。血液が微量で、見た目は普通の尿と変わらない血尿もあります。尿への痔出血の混入ということもあるので、丁寧に観察します。また、薬の影響で尿の色が変化する場合もあります（P.71 参照）。

症状チェックリストと疑われるおもな疾患

☐ 尿量が減少していますか？　　　☐ 顔や手足にむくみがありますか？

☐ 発熱していますか？　　　　　　☐ 排尿時に痛みがありますか？

☐ 頻尿がありますか？

他の症状	疑われる疾患	ページ
尿量減少・むくみ	糸球体腎炎	323
発熱・腰背部痛	腎盂腎炎	168
排尿時痛・頻尿	膀胱炎	167
腰下腹部痛	腎結石・尿管結石	171
排尿困難・頻尿	前立腺肥大症	172

他の症状がない時…疑われる原因

　突然出血し、他の症状がみられない時は悪性腫瘍を疑います。泌尿器の悪性腫瘍には、腎臓がん、膀胱がん、前立腺がん、などがあります。

1-48 尿が出にくい

加齢や病気、薬の副作用などによって排尿のメカニズムが崩れると、尿が出にくくなったり、逆に漏れやすくなります。排尿困難は、見過ごすと重篤な疾患を引き起こす可能性が高いので要注意です。

症状チェックリストと疑われるおもな疾患

☐ 頻回に尿意を感じますか？　　　　☐ 夜、寝てからの排尿が多いですか？

☐ 残尿感や排尿時に痛みがありますか？　　☐ 発熱していますか？

☐ 力を入れないと尿が出ない感じがありますか？

他の症状	疑われる疾患	ページ
頻尿・排尿困難	前立腺肥大症	172
	神経因性膀胱*	注参照
排尿時痛・残尿感・発熱	膀胱炎	167
夜間の尿量増加	腎不全	169、170
	心不全	142
	肝硬変	155

〔注〕 ＊神経因性膀胱：膀胱から大脳に至る神経の一部の障害によって起こる排尿障害。

他の症状がない時…疑われる原因

糖尿病による末梢神経炎、脳卒中後の後遺症、脳あるいは脊髄の腫瘍などで尿が出にくくなります。また、薬が神経や排尿筋に作用して、尿が出にくくなることもあります。かぜ薬にその作用のあるものが多いので、注意が必要です。便秘も尿が出にくくなる原因になります。

泌尿器の症状③

1-49 尿を我慢できない

　尿意を我慢できず漏らしてしまうことは、生命にかかわる症状というわけではありません。しかし、周りへの羞恥心から外出が困難になったり、うつ状態になる例も少なくないのです。プライベートな事柄なので、優しく丁寧に対応することが求められます。

症状チェックリストと疑われるおもな疾患

☐ 残尿感がありますか？　　　　☐ 尿がとぎれますか？
☐ 頻回に尿意を感じますか？　　☐ 1回の尿量が減っていませんか？

他の症状	疑われる疾患	ページ
残尿感・尿のとぎれ・頻尿	前立腺肥大症	172
	切迫性尿失禁*	注参照
	過活動膀胱炎*	注参照

〔注〕＊切迫性尿失禁：急に尿意を催し、トイレまで間に合わないで排尿してしまう状態。原因によって以下のように分類できる。
　　　①膀胱に尿がたまると意思に関係なく出てしまう（脳・脊髄の障害）
　　　②膀胱に尿がたまっていないのに出てしまう（膀胱不安定性）
　　　③膀胱や尿道の炎症で知覚神経が過敏になり出てしまう（膀胱結石、膀胱がんなど）
〔注〕＊過活動膀胱炎：膀胱と尿道で構成される下部尿路の機能異常により、尿が近くなったり漏らしてしまう状態。原因は、加齢や前立腺肥大症などの他、脳梗塞の後遺症やパーキンソン病などの神経障害でも起こる。

1-50 尿の回数が多い（頻尿）

　トイレに行く回数の増加に合わせて1日の尿量が増加する場合と、トイレへは頻回に行くのに1回の尿量が少なく1日の尿量は変化しない場合とがあります。加齢に伴うもの、精神的な理由、炎症、病気によるものなど原因はさまざまです。

症状チェックリストと疑われるおもな疾患

☐ 排尿時痛がありますか？　　☐ 1日の尿量が多くなっていますか？

☐ 残尿感がありますか？　　　☐ 尿が出るまでに時間がかかりますか？

他の症状	疑われる疾患	ページ
排尿時痛・残尿感	前立腺炎*	注参照
	膀胱炎	167
1日の尿量増加 （濃縮されず薄い尿が多量に排泄）	尿崩症	31
	糖尿病（多尿・多飲）	158～160
	慢性腎不全	170
排尿するまで時間がかかる	前立腺肥大症	172

〔注〕 ＊前立腺炎：原因不明のことも多いが、細菌性の感染が尿路から前立腺に広がって起こす場合がある。下半身全体が痛み血尿が出ることもある。

他の症状がない時…疑われる原因

①多尿症：1日の尿量が増加

②膀胱容量の減少：便秘などによる圧迫のため膀胱が十分に広がらず、尿をためられなくなる

③炎症などにより膀胱刺激の持続：腫瘍

④神経性

⑤残尿が常にある排尿障害、など

泌尿器の症状⑤

1-51 尿をする時に痛みがある

排尿時の痛みは体の危険信号です。腎臓、膀胱、尿道などの尿路の細菌感染がおもな原因です。痛みの原因を探り、速やかに対応しましょう。

症状チェックリストと疑われるおもな疾患

☐ 頻回に尿意を感じますか？　　☐ 尿に血液が混じりますか？

☐ 残尿感がありますか？　　☐ 尿を出しにくい感じがしますか？

☐ 痛みが強いのはいつですか？
（尿を出す時／尿が出ている間ずっと／排尿終末時(出し終える時)）

他の症状	疑われる疾患	ページ
血尿・頻尿・排尿終末時痛	膀胱炎	167
血尿	尿路結石	171
残尿感・頻尿	前立腺炎	75
排尿困難・頻尿	前立腺肥大症	172

他の症状がない時…疑われる原因

　尿道炎：男性に多くみられる疾患です。原因の多くは性行為による淋菌やクラミジア菌などの感染で、排尿開始時に痛みや焼けつくような熱感を引き起こします。

　尿道狭窄：手術や検査などで尿道にカテーテルや内視鏡を挿入する時に尿道を傷つけてしまい、起こる症状です。

1-52 尿が泡立つ

朝一番の尿が泡立つことは健康な人にもあることですが、通常はすぐ消えるものです。泡立ちがなかなか消えない時には、尿にたんぱくが出ている可能性があります。朝一番の尿を観察する習慣をつけると、異常の早期発見に役立ちます。

症状チェックリストと疑われるおもな疾患

☐ 甘酸っぱいにおいがありますか？　　☐ 発熱がありますか？

☐ 尿意を頻回に感じますか？　　　　　☐ 排尿時痛がありますか？

☐ 指輪や靴がきつくなったり、朝、顔やまぶたが腫れていませんか？

他の症状	疑われる疾患	ページ
甘酸っぱいにおい・頻尿	糖尿病	158 〜 160
発熱・排尿時痛	尿路感染症	167、168
排尿時痛・頻尿	膀胱炎	167
むくみ	腎機能低下、ネフローゼ症候群*	165

〔注〕＊ネフローゼ症候群：腎臓の糸球体の障害で、ろ過されて出ないはずのたんぱく質が尿に漏れ出る病気。

Column 尿とたんぱく

腎臓の機能が低下すると、ろ過されて出ないはずのたんぱく質が尿中に出てしまいます。健康な人でも、激しい運動をした後や発熱、疲れている時、睡眠不足などで出現します。

1-53 尿が臭い

　排泄した直後の尿はほとんどにおいませんが、時間が経過するにつれにおいは強くなります。これは尿素が空気に触れて、アンモニアに分解されるからです。尿のにおいは、病気や健康状態についての手がかりになります。

症状チェックリストと疑われるおもな疾患

- [ ] 甘酸っぱいにおいがありますか？
- [ ] 排尿時痛がありますか？
- [ ] 皮膚が乾燥していますか？
- [ ] 発熱がありますか？
- [ ] 尿意を頻回に感じますか？

他の症状	疑われる疾患	ページ
甘酸っぱいにおい・頻尿	糖尿病	158〜160
発熱・排尿時痛	尿路感染症	167、168
排尿時痛・頻尿・残尿感	膀胱炎	167
皮膚の乾燥	脱水症	211

介助のポイント

- 尿が濃いとにおいも強くなります。尿の濃さは、摂取した水分量に大きく影響を受けるので、脱水を起こしやすい高齢者は、特に気をつけて観察しましょう。

- コーヒー、カレー、ニンニク、ニラなどにおいのきついものを摂取した後や飲酒後、消化不良を起こしている時もにおいは強くなります。食事の履歴を確認しましょう。

1-54 残尿感がある

残尿感とは、トイレに行って排尿した後もまだ尿が残っているような感じがする症状をいいます。実際に膀胱に尿が残っている場合と、残尿がないにもかかわらず感じる場合があり、いずれの場合も不快感を伴います。

症状チェックリストと疑われるおもな疾患

☐ 排尿時痛がありますか？　　　☐ 頻回に尿意を感じますか？

☐ 発熱がありますか？　　　　　☐ 尿漏れがありますか？

他の症状	疑われる疾患	ページ
頻尿・排尿時痛	前立腺肥大症	172
	膀胱炎	167
発熱・排尿時痛	尿路感染症	167、168
頻尿・尿漏れ	子宮脱*	注参照

〔注〕 ＊子宮脱：子宮が下垂して膣の中外に脱出した状態。

Column

残尿感がなくても膀胱に尿が残ることがある

トイレに座って（または立って）排尿すると…

出口が下なので、重力で出しきりやすくなります。

寝たままで排尿すると…

尿道が上にあると、膀胱の収縮や腹筋の力が低下した時、出しきれません。

婦人科の症状①

1-55 おりもの（帯下）がある

帯下は、女性の性器から出る分泌物をいい、生理的なものと病的なものがあります。異常かどうかを判断するには、帯下の色を基準にします。生理的な帯下は、白あるいは淡い黄色を帯びており、ほのかに甘酸っぱいにおいがあり、のり状かクリーム状です。

症状チェックリストと疑われるおもな疾患

☐ 悪臭がありますか？   ☐ 発熱がありますか？

☐ どんな色ですか？   ☐ 血液が混じっていますか？

☐ 外陰部にかゆみがありますか？

他の症状	疑われる疾患	ページ
悪臭・血液混入	老人性膣炎*	注参照
発熱・黄色	子宮内膜炎	―
悪臭・外陰部掻痒・黄色	トリコモナス膣炎	―

〔注〕 ＊老人性膣炎：おもに閉経後、女性ホルモンの分泌が減ることにより外陰部や膣が乾燥しやすくなり起こる膣炎。萎縮性膣炎ともいう。

Column 帯下とは？

帯下は膣の中を酸性にして外敵の侵入を防いだり、適度に潤すことで性交渉の準備・妊娠しやすい環境をつくるはたらきがあります。疲労・ストレスなどで量が増えたりしますが、ビデなどで過度に洗浄するのはよくありません。膣内を守っているデーデルライン膣桿菌まで洗い流してしまうからです。

1-56 手足が動かない

　手足が動かなくなる状態にはさまざまな疾患があります。神経系に問題があるものを麻痺といいます。突然動かなくなるものと徐々に動かなくなるものがあり、急に手足が動かなくなった場合、緊急を要することもあります。

症状チェックリストと疑われるおもな疾患

☐ 痛みはありますか？　　　　　☐ 意識障害はありますか？

☐ 手足にしびれがありますか？　☐ 手足に震えがありますか？

☐ 左右差はありますか？

他の症状	疑われる疾患	ページ
痛み	骨折・脱臼	125
意識障害・しびれ・左右差	脳血管障害	99 〜 103
震え	パーキンソン病	106 〜 107
しびれ	後縦靭帯骨化症	123

他の症状がない時…疑われる原因

　うつ症状や強い精神的ストレスなどによって手足や体が動かなくなることがあります。

運動器の症状②

1-57 休まないと長く歩けない

加齢に伴い、健康な人でも歩行の速度や歩幅は減少していきます。歩行障害は高齢者に多い訴えの1つです。しばらく歩くと足が痛くなり、少し休むとまた歩けるようになるという歩き方を間欠性跛行といいます。

症状チェックリストと疑われるおもな疾患

☐ 靴は足に合っていますか？　　☐ 片足にだけ冷感がありますか？
☐ 足に痛みやしびれがありますか？

他の症状	疑われる疾患	ページ
痛みがある	閉塞性動脈硬化症	143
	腰部脊柱狭窄症	124
	変形性膝関節症	122
動悸・息切れ	心不全	142
	貧血	214

他の症状がない時…疑われる原因

糖尿病の合併症で神経障害を起こしていると、休みながらでないと歩けなくなることがあります。

Column 高齢者の歩行の特徴

- 歩く速度が遅くなる。
- 腕の振りが少なくなる。
- 歩幅が狭くなり、小刻みな歩行となる。
- つま先が上がらず、すり足歩行となる。

1-58 手足の関節が痛い

私たちの体が動くには、骨と骨をつなぐ関節のはたらきが重要です。関節の痛みによって、手足の動きがにぶくなると、日常生活に支障をきたすことになります。

症状チェックリストと疑われるおもな疾患

☐ 関節がこわばる感じがありますか？

☐ 食欲はありますか？　　　　☐ 倦怠感がありますか？

☐ 発熱はありますか？　　　　☐ 関節に腫れはありますか？

他の症状	疑われる疾患	ページ
こわばり・可動域の減少	変形性関節症	122
	五十肩（肩関節周囲炎）	―
食欲不振・発熱・倦怠感・朝のこわばり・両側の痛み	関節リウマチ（膠原病）*	120〜121
腫れ	骨肉腫*	注参照

〔注〕 ＊膠原病：全身の関節・血管・内臓などに障害を起こす疾患群の総称。関節リウマチの他に全身性エリテマトーデス、強皮症、リウマチ熱、多発性筋炎などがある。
〔注〕 ＊骨肉腫：骨の悪性腫瘍。

他の症状がない時…疑われる原因

突然足の親指の付け根などに強い痛みのある発作が起きる痛風（高尿酸血症）がありますが、この発作は通常1〜2週間でおさまります。

運動器の症状④

1-59 背中や腰が痛い

背中や腰の痛みにはさまざまな原因が考えられます。高齢者の場合は、骨粗鬆症による脊椎の変形によるものが多いのが特徴です。単なる筋肉疲労による痛みではなく、内臓の疾患が原因で背中や腰に出る痛みもあるので注意が必要です。

症状チェックリストと疑われるおもな疾患

☐ 発熱はありますか？ ☐ 歩行はしっかりしていますか？
☐ 痛みは左右どちらですか？ ☐ 下肢に痛みやしびれがありますか？

他の症状	疑われる疾患	ページ
歩行障害	骨粗鬆症	119
下肢の痛み・しびれ	腰椎椎間板ヘルニア	325
	変形性脊椎症	124
発熱	腎盂腎炎	168
	胆石、胆のう炎	154
	肺炎	146
病的な骨折・倦怠感・貧血	多発性骨髄腫*	注参照

〔注〕 ＊多発性骨髄腫：血液がんの一種。おもな症状として、貧血、全身倦怠、体重減少、腰痛などがある。

痛みの部位で…疑われる原因

右背部痛…急性肝炎／左背部痛…慢性膵臓炎／上背部（胸の背中）…心臓、肺、胆のうの疾患／腰背部…腎臓、尿路、膵臓の疾患／腰部…脊柱、尿路、婦人科系疾患がそれぞれ疑われます。

運動器の症状⑤

1-60 力が急に抜ける（脱力）

全身の力が抜ける場合と体の半分（右半身か左半身）や四肢に限られる場合があり、力が突然抜けた時は脳血管障害などの疑いがもたれます。

症状チェックリストと疑われるおもな疾患

☐ ろれつ障害はありますか？　　☐ 持続時間はどのくらいですか？

☐ 力が抜けたのは右（左）半身のどちらかですか？

☐ 脱力の前に発熱など風邪症状はありましたか？

他の症状	疑われる疾患	ページ
半身の脱力・ろれつが回らない・言葉が出にくい・物が二重に見える・目の前に黒いカーテンが降りてくる	脳梗塞	100
	脳内出血	100
	一過性脳虚血発作（持続時間が2〜15分で24時間以内に症状消失）	102
脱力の前に発熱や風邪症状	ギラン・バレー症候群	322
疲れやすい・筋肉痛	多発性筋炎*	注参照

〔注〕 *多発性筋炎：筋肉の障害により、筋肉に力が入らなくなったり、筋肉の痛みを感じたりする病気。

他の症状がない時…疑われる原因

てんかんの持病のある人、睡眠障害の1つであるナルコレプシーの主症状に突然全身の力が抜けて倒れる発作を起こすことがあります（脱力発作）。少しずつ脱力が進む場合、重症筋無力症、ALS、進行性筋ジストロフィーなどの進行性の病気の場合もあります。

運動器の症状⑥

1-61 足がすくんで前に出ない

足がすくむとは、高いところへ上った時など、緊張や恐怖のために足がこわばりうまく前に出せなくなる状態です。足が地面に貼り付いたようになり、第1歩が踏み出せないすくみ足は、パーキンソン病特有の症状です。

症状チェックリストと疑われるおもな疾患

☐ 体に震えがありますか？　　　　☐ 認知障害はありますか？

☐ 失禁はありますか？

他の症状	疑われる疾患	ページ
震え	パーキンソン病	106 ～ 107
認知障害・尿失禁	正常圧水頭症*	注参照

〔注〕 ＊正常圧水頭症：成人に発症する水頭症。歩行障害、認知障害、尿失禁がおもな症状。突発性正常圧水頭症は高齢者に発症し、ゆっくりと進行する。

介助のポイント

● 足が止まってしまったら

①介助者が自分の足を利用者の前に出し、介助者の足をまたぐようにしてもらうと、足が出やすくなります。

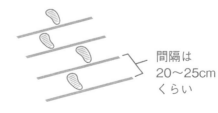

間隔は
20～25cm
くらい

②カラーテープを床に貼り、テープをまたぐように足を出します。

運動器の症状⑦

1- 62 意思に関係なく手足が動く

自分の意思と関係なく体が勝手に動くことを不随意運動といいます。おもに神経系に障害のある場合にみられます。

症状チェックリストと疑われるおもな疾患

☐ 疲れを訴えますか？　　　　　☐ 力が入らない状態ですか？

☐ 認知障害はありますか？　　　☐ 幻覚や妄想がありますか？

他の症状	疑われる疾患	ページ
疲れやすい・脱力感	パーキンソン病	106 〜 107
認知障害・幻覚・妄想	ハンチントン舞踏病*	注参照

〔注〕 ＊ハンチントン舞踏病：遺伝性の神経変性疾患。

介助のポイント

● 車イスに座った時などに、貧乏ゆすりのように片足がガタガタと動く時は、膝を上から押さえつけても止まりません。動いている足を静かに持ち上げ、いったん力を抜くようにしてからゆっくり足台に戻すと止まります。

Column　他に不随意運動がみられる原因

手足や頭をくねらせるような動きの不随意運動をアテトーゼといい、脳性麻痺や代謝異常などでみられます。また、口をもぐもぐさせたり舌をぺちゃぺちゃさせるような不随意運動が抗パーキンソン病薬や抗精神病薬の副作用で起きることがあります。

1

気になる症状と疑われる疾患

1-63 段差で足が上がらない

足を上げる動作に使われる筋肉は、骨盤・腰部と大腿をつなぐ腸腰筋です。加齢に伴い筋力は低下するので、段差などでつまずきやすくなりますが、他に原因がある場合もあります。足を上げやすい靴や靴下を使いましょう。

症状チェックリストと疑われるおもな疾患

☐ 足に痛みやしびれがありますか？　　　☐ 麻痺がありますか？

他の症状	疑われる疾患	ページ
痛み・しびれ	関節リウマチ	120 ～ 121
	坐骨神経痛*	注参照
	変形性股関節症	122
麻痺	脳梗塞の後遺症	―

〔注〕＊坐骨神経痛：臀部や下肢にしびれや、つっぱりが出る病気。

Column 筋力強化の体操

①片足立ち、ゆっくりとした足踏み、5～10cmの階段昇降をします。

※片足立ちでは、片足にしっかり体重を乗せるようにしましょう。

②イスに座ったまま足を上げ、続いてつま先を上げます。

③足を後ろにけり上げます。

1-64 皮膚がかさかさする

　皮膚の角質層の水分は、加齢とともに減少するので、皮膚が乾燥して白い粉を吹いたようになります。日常的なケアで十分なものも多いのですが、中にはウイルス性や内臓疾患から皮膚に症状が出てくるものもあります。

症状チェックリストと疑われるおもな疾患

☐ 衣服や皮膚は清潔ですか？　　　　☐ 発疹がありますか？

☐ かゆみはありますか？

他の症状	疑われる疾患	ページ
発疹・かゆみ	アトピー性皮膚炎	—
	皮脂欠乏性皮膚炎	91
	老人性皮膚掻痒症	91、189
	白癬	200
かゆみ	慢性腎不全	170

介助のポイント

● 皮膚の乾燥は予防が肝要です。そのためには、きちんと栄養をとることが大切です。

● 特にビタミンAは皮膚の新陳代謝を活発にします。ビタミンCやE、コラーゲンも皮膚を健康に保ち、乾燥を防ぎます。皮膚保護クリームや保湿剤も適宜使いましょう。

● 石けんでの洗いすぎはよくありません。皮膚がかさかさする時は、ゴシゴシこすらず、泡立てた石けんを素手で全身に広げるように洗うのがよいでしょう。

1-65 体がかゆい

かゆみにはさまざまな原因がありますが、皮膚そのものに原因がある場合と皮膚以外の原因でかゆみが出る場合があります。かゆみが続くと不眠になったり、精神的に不安定な状態にもなるので、その緩和は重要なケアです。医学的には、皮膚のかゆみを掻痒といいます。

症状チェックリストと疑われるおもな疾患

☐ 衣服や皮膚が清潔ですか？　　☐ 皮膚がかさかさ(乾燥)していますか？
☐ 発疹はありますか？　　☐ だるさ(全身倦怠感)を訴えますか？

他の症状	疑われる疾患	ページ
発疹	じんま疹	—
	疥癬	198 ～ 199
	薬疹	91
	接触性皮膚炎	91
発疹・乾燥	皮脂欠乏性皮膚炎	91
	白癬	200
乾燥・全身倦怠感	低栄養・脱水症	211
	慢性腎不全	170
	糖尿病	158 ～ 160
	循環障害（浮腫・褥瘡・壊疽）	—

他の症状がない時…疑われる原因

　皮膚の表面に異常はないがかゆみがあるものに、皮膚掻痒症（P.189）があります。これは「そこらじゅうがかゆい」というように部位がはっきりしなかったり、かゆみのある部位が変化したりします。また、入浴後や昼間よりも就寝後に強くなることが多く、意識しないうちにかきむしってしまうことがあります。このために、傷や発赤が二次的にみられることがあります。高齢者で乾燥肌のためにかゆみが出るものを、老人性皮膚掻痒症といいます。特に、冬季に皮脂や水分の分泌が低下するため乾燥により全身にかゆみを感じます。

▼皮膚に原因がありかゆみのある場合

皮脂欠乏性皮膚炎	皮脂の減少と、表皮の角質層の水分保持機能が低下して起こる。高齢者は腹部と下肢に出現しやすい。
脂漏性皮膚炎	頭や顔に脂っぽいフケなどを伴う湿疹が出る。フケ症。
白癬	P.200
疥癬	P.198 ～ P.199
接触性皮膚炎	異物との接触で起こる。オムツかぶれなど。
その他	・低栄養や脱水による皮膚の乾燥。 ・衣服や身体の清潔保持が不十分。

▼皮膚以外の原因でかゆみのある場合

慢性腎不全	尿毒症になると強いかゆみが出る。
肝臓疾患	肝硬変などで黄疸のある時などビリルビンや胆汁酸が増加し、皮膚の末梢神経を刺激しかゆみが出現する。
糖尿病	血流が悪くなると軽い脱水症状になり、皮膚が乾燥する。糖尿病性の感染症によるかゆみが出現することもある。
浮腫	酸素・栄養不足、免疫力の低下により、皮膚が乾燥する。皮膚温度の低下もある。
薬疹	薬の投与後、副作用により引き起こされる発疹で数時間から1週間以上経って出現するものまでさまざま。

1

気になる症状と疑われる疾患

1-66 皮膚の症状③ 発疹があるが痛みもかゆみもない

目で見て、皮膚に変化があっても痛くもかゆくもないということがあります。発疹といってもさまざまな種類があります（下表参照）。

症状チェックリストと疑われるおもな疾患

☐ 熱はありますか？

☐ その発疹に変化はありますか？

他の症状	疑われる疾患	ページ
微熱	膠原病（特に顔面に発疹出現）	83
変化がある	老人性ゆう贅（いぼ）	―
	皮膚がん	―

他の症状がない時…疑われる原因

特に自覚症状のない薬疹も多くみられます。

▼発疹の種類

斑（はん）	皮膚の色だけが変化したもの。紅斑、紫斑、白斑など。
丘疹（きゅうしん）	皮膚の表面に半球状に隆起するもので、あわ粒からえんどう豆大（1センチ程度まで）のものを丘疹、これより大きいものを結節、さらに大きいものを腫りゅうという。
結節	
腫りゅう	
水疱	表皮内に漿液や血液のたまったもの。膿がたまり黄色いものを膿疱という。
膿疱	

1-67 発疹があり、痛い

痛みを伴う発疹の場合、ウイルスの活性化、炎症、循環器の障害などが考えられます。痛みが伴う場合は、受診することが大切です。

症状チェックリストと疑われるおもな疾患

☐ 発熱がありますか？　　　　　　☐ 強い痛みがありますか？

☐ リンパ節が腫れていますか？

他の症状	疑われる疾患	ページ
発熱	帯状疱疹	―
	単純性疱疹（ヘルペス）*	注参照
発熱・皮膚の腫脹・熱感	蜂窩織炎*	注参照
発熱・リンパの腫れ	丹毒*	注参照

〔注〕 *単純性疱疹（ヘルペス）：ウイルス性の皮膚疾患。おもに口唇や陰部などに小さな水疱ができる。

〔注〕 *蜂窩織炎（ほうかしきえん）：傷口から連鎖球菌やブドウ球菌が侵入して、皮下で化膿性の炎症を起こす。

〔注〕 *丹毒：皮膚の浅いところにできる化膿性炎症。高齢者や免疫力の低下した人に多い。あざやかな赤い腫れが現れ、急速に広がる。

他の症状がない時…疑われる原因

やけどによる水疱は、範囲や程度によって痛みも違います。麻痺のある人などは、痛みを感じないこともあるので、湯たんぽなどによる低温熱傷に注意が必要です。また、循環障害が原因のものとして、糖尿病性壊疽や閉塞性動脈硬化症などによるものや、外傷や褥瘡による皮膚のびらんなどによるものも痛みを伴います。

皮膚の症状⑤

1-68 皮膚が脂っぽい

　清潔保持が不十分だと、特に頭が脂っぽくなってきます。頭皮や小鼻の周りは皮脂の分泌が多いので、不潔にしているとフケが出てきたり、顔に脂っぽい発赤がみられるようになってきます。入浴や洗顔などの清潔保持は、重要なケアの1つです。

症状チェックリストと疑われるおもな疾患

☐ 頭皮や鼻の周りの清潔保持は十分ですか？

☐ 洗髪時のすすぎはきちんとできていますか？

☐ 睡眠は十分とれていますか？

☐ かゆみがありますか？

他の症状	疑われる疾患	ページ
かゆみ	脂漏性皮膚炎	91

介助のポイント

- 過労やストレス、睡眠不足なども脂漏性皮膚炎の原因になります。

- 脂漏性皮膚炎の予防のためには、バランスのとれた食生活、規則正しい生活、全身の清潔を保ちましょう。

- フケが気になる場合は、低刺激で頭皮に優しいシャンプーがおすすめです。

- 洗髪の際は頭皮をマッサージするようにして洗い、十分にすすぐことが大切です。一度できれいにならない時は、2度洗いしましょう。

第 2 章

知っておきたい
疾患と介護法

　介護現場でよく出合う疾病について学んでいきます。

　要介護状態にある人は、何らかの病気を抱えているものです。

　複数の病気を抱えている人もめずらしくありません。

　病気の特徴をきちんと知ることで、よりよい介護につなげることができます。

脳と神経のはたらき

　私たちが、体の内外のさまざまな情報をキャッチし、これに反応して活動するには、脳と神経が重要な役割を果たしています。ここからは、脳と神経のはたらきと疾患をみていきます。

脳と神経の概要

　脳と脊髄は中枢神経と呼ばれ、運動、知覚の他に、感情、情緒、理性など人間の精神活動においても重要な役割を持っています。中枢神経に対し、体の各器官の刺激や興奮を中枢神経に伝えるものを末梢神経といいます。

▼脳の構造

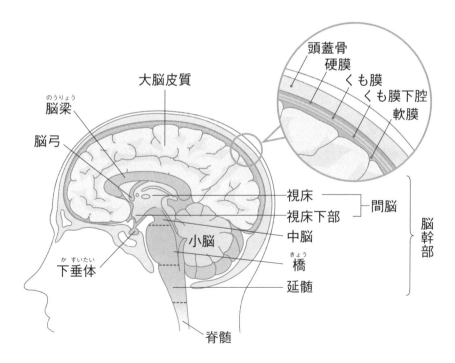

▼脳の機能

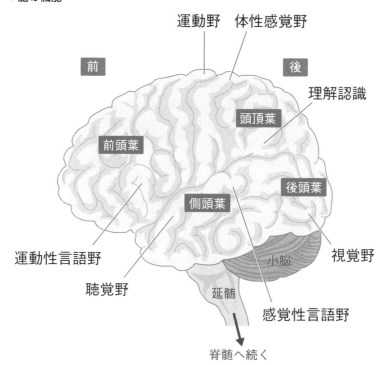

▼脳の部位とはたらき

脳は、大脳、小脳、脳幹部（間脳、中脳、橋、延髄）に分けられます。大脳で、出血や梗塞が起きると、麻痺や言語障害がみられます。また、小脳で出血や梗塞が起きると、ふらつきやめまい、運動失調などがみられます。

▼脳の部位とはたらき

名称	おもなはたらき
大脳	最も大きく主要な部分。前頭葉・側頭葉・頭頂葉・後頭葉に分けられる。言語・記憶・理解・判断・感情の中枢
間脳	内臓のはたらき・体温・浸透圧・血圧などの調節中枢
中脳	眼球の運動・瞳孔反射・姿勢保持の中枢
延髄	呼吸運動、心臓拍動、咳・くしゃみ・飲み込みなどの中枢
小脳	運動機能の調整・身体の平衡の中枢
脊髄	脳への興奮の中継。膝蓋反射・汗分泌・排尿などの反射

脊髄は、脳の下部（延髄）から背中の下方まで伸びている神経線維の細長い束状の器官です。直径 1cm 程度の白くて細長い脊柱管の中にあります。

▼脊髄の構造

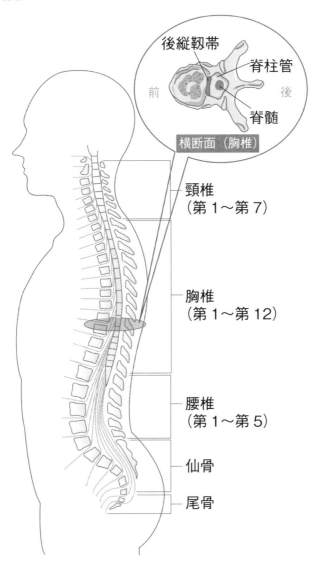

後縦靱帯
脊柱管
前
後
脊髄
横断面（胸椎）

頸椎
（第 1～第 7）

胸椎
（第 1～第 12）

腰椎
（第 1～第 5）

仙骨

尾骨

2-02 脳血管疾患

脳血管疾患とは脳血管の病変によって起こる障害で、脳の血管の詰まるもの（虚血性脳疾患）と、血管が破れて起こるもの（出血性脳疾患）の２つに大別されます。

🩺 どんな病気？ 🩺

血管の詰まるものとしては脳梗塞、血管の破れるものとしては脳内出血、くも膜下出血が代表的です。その他、一過性脳虚血発作（TIA）と慢性硬膜下血腫も高齢者に多い脳の疾患です。

▼主な脳血管障害

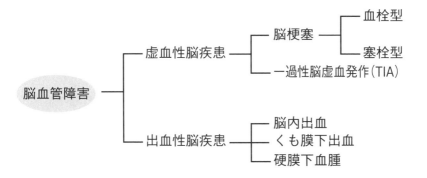

✚ おもな症状 ✚

出現する症状は、障害を受けた部位により異なりますが、手足の麻痺、言語障害、高次脳機能障害などを引き起こします。認知症の原因になることもあります。

いずれも、早期発見・早期治療、早期からのリハビリテーションが大切です。

①脳内出血

　脳内出血は、脳の血管が破れて頭蓋内に出血する病気です。ほとんどが高血圧に合併して起こり、活動時に起こることが多いのですが、高齢者では睡眠中や休息時に起こることもあります。出血部位や出血量により、症状や予後は異なってきます。大量の出血では死に至ることもあります。

✚ おもな症状 ✚

- 頭痛 ● 嘔吐 ● 構音障害（ろれつが回らない、など） ● 意識障害
- 運動障害（体の片側の麻痺、など）

②くも膜下出血

　脳動脈瘤の破裂により、くも膜と軟膜の間のくも膜下腔に出血したもので、脳脊髄液に血液が混入した状態になります。突然の激しい頭痛で発症するという特徴があり、嘔吐や意識障害を起こすことがありますが、運動障害や言語障害はあまりみられません。くも膜下出血は、24時間から1か月以内に再出血することも多いので、早期の治療が必要です。

✚ おもな症状 ✚

- 頭痛 ● 嘔吐 ● 視覚障害（視力の低下、など）
- 意識障害（ぼんやりする、意識が低下する、など）
- 失調（めまい、ふらつき、など）

③脳梗塞

　脳血管が詰まって血流が不足し、脳細胞が死滅する状態をいいます。血管中に血液の塊（血栓）ができて血管が閉塞されたものを血栓型、心臓内など他のところから運ばれた血栓が脳血管を閉塞して起こるものを塞栓型という

ように分けられます。塞栓型は発症が早く、梗塞の起こった部位によっては梗塞に伴い出血を起こすこともあり、死に至ることもあります。脳梗塞は再発を起こしやすいという特徴があります。

✚　おもな症状　✚

【意識障害】
● 意識がない　● ぼんやりしている　● 大きないびきを伴う呼吸

【運動障害】
● 体の片側の麻痺　● 脱力　● こわばり　● 体が勝手に動く

【感覚障害】
● 体の片側のしびれ　● 感覚のにぶさ　● 目で確認しないと自分の手足の位置がわからない

【失調】
● ふらつき　● 転倒　● バランスの悪さ　● めまい（少しの体動で眼球振とうが起こる）

【言語障害】
● 言葉が出にくい　● 言葉が理解できない

【構音障害】
● ろれつが回らない　● 発音がおかしい

【失行・失認】
● ズボンを頭からかぶろうとする、歯ブラシで髪をとかそうとする、左側の皿からだけしか食べない、など行動に異変がみられる
● トイレに行った後部屋に戻れない、家の中で迷子になる、など行動に異変がみられる

【視覚障害】
● 左右どちらかの視野欠損　● 物が二重に見える

④一過性脳虚血発作(TIA)

一時的に脳の血流が妨げられ、一時的に運動障害や感覚障害が起こりますが、発作の多くは 2 〜 3 分から 15 分で、長くても 24 時間以内に症状は消え、後遺症も残りません。発作は 1 日に何度も起こすこともあれば、日をおいて何度も起こすこともあります。

原因は、脳の動脈硬化や血栓、また、脱水などにより血液に粘り気が増すことで血管が一時的に詰まり、再び開通すると考えられます。脳梗塞の前兆となる場合もあるので、十分な観察と早期受診が必要です。

＋ おもな症状 ＋

- 一時的な左右どちらかの半身の麻痺 ● 脱力 ● しびれ ● 物が二重に見える
- 言葉が出にくい感じ ● 視野の半分が見えなくなる（半盲）
- 目の前に黒いカーテンが降りてくる

介助のポイント

- TIA は、比較的短時間で症状が消えるという特徴がありますが、脳梗塞の前兆として起こることもあります。

- 症状がなくなったからといって安心せず、TIA が疑わしい時は、まず医療機関を受診しましょう。そして全身症状の観察を十分行い、記録と報告を忘れないようにしましょう。

- FAST の症状が出たら、すぐ受診をしましょう。
  F：Face　顔のゆがみ、顔面のしびれや違和感、まぶたの下垂など
  A：Arms　腕のまひ、脱力、しびれ、挙上した腕の保持困難
  S：Speech　ろれつがまわらない、言葉が出ない、しゃべりにくい
  T：Time　症状出現からの経過時間

Column　脳血管障害の介助のポイント

● 日常の健康管理と十分な観察で、病気の前兆を見逃さないようにしましょう。

● 血圧の大きな変動を避けます。高血圧が危険因子となるため、血圧の管理は重要です。血圧は気温差があると変動しやすいので、特に入浴時などは注意が必要です。急な上昇は脳出血を起こしやすく、急な下降は梗塞を起こしやすくなります。また、塩分を控えた食事や運動で生活習慣を見直すことも重要です。

● 脱水に注意します。入浴の前後、運動の前後、就寝の前や夜中に目が覚めた時など、こまめな水分補給を心がけましょう。

● 朝方のトイレは要注意です。入眠中は脱水傾向になりますし、冬など布団の中と室温に温度差がある時は、要注意です。室内の温度を暖かくするなど環境を整えましょう。

● 便秘にも注意しましょう。排便時に力むと血圧が上昇します。長時間トイレで力むことのないようスムーズな便通を心がけましょう。

● 喫煙のリスクは大です。喫煙には、血管を収縮させる、血管壁を傷つける、血液をネバネバにするなどの悪影響がたくさんあります。

● 身体に麻痺がある場合は、リハビリテーションが重要です。生活を単調にせず、自分から積極的に動きたくなる生活づくりが大切です。

● 麻痺や言語障害だけでなく、失行、失認といった後遺症があると、生活のしづらさにつながります。その人の生活のしづらさがどこにあるのか十分な観察を行いましょう。

● 脳血管障害に伴うその人の障害の程度を把握し、適切な住環境を整えましょう。歩行レベル（室内・室外）、車イスレベル、寝たきりレベルによって、整えるポイントは変わってきます。適切な福祉用具選びも大切なポイントです。

● 本人の生活意欲が低下しないように、「できることに着目する」ことや、本人のできる範囲で「役割をもつ」ことで、日常生活を支えることが大切です。

2-03 慢性硬膜下血腫

硬膜下血腫とは、硬膜下へ出血し、血液がたまっている病態をいい、慢性と急性があります。

🧰 どんな病気？ 🧰

転倒などで頭部を打撲後に時間が経ってから、物忘れや失禁、頭痛が続くといった症状が出てきたら、硬膜下血腫を疑います。外傷後、直後から2～3日以内に症状が出るものを急性硬膜下血腫、外傷後1週間～1か月で次第に症状が現れるものを慢性硬膜下血腫といいます。

高齢者の場合、数か月経ってから症状が出現することもめずらしくありませんし、原因となるエピソードに気がつかないこともあります。イライラするなどの機嫌の悪さや怒りっぽいといった症状が認知症と似ているので、見過ごすことのないようにしましょう。遅延なく治療が行われ、血腫が取り除かれれば予後は良好です。

➕ おもな症状 ➕

- 症状はゆっくり出てくるので気づきにくいこともある ● ふらつき ● 頭痛
- 嘔吐 ● 運動障害 ● 集中力の低下 ● 認知症 ● 麻痺 ● 尿失禁

👉 介助のポイント

- 転倒後時間が経って、上記のような症状が出た時は、受診し検査が必要です。
- 転倒予防が重要です。転倒でなくても、トイレなどでふらつき壁に頭をぶつけることも要因になり得ます。

脳・神経の疾患③

2-04 脊髄小脳変性症

小脳と脳幹部の橋部が萎縮し、運動失調をおもな症状とする進行性の病気の総称です。

🏥 どんな病気？ 🏥

小脳と脳幹部の橋部の萎縮の進行はゆっくりした経過を辿りますが、徐々に日常生活動作が低下していき、最終的には寝たきり状態になります。また、人格の変化や認知症などの症状が出ることもあります。

＋ おもな症状 ＋

- 体のバランスがとりにくく、ふらつきなど歩行が不安定になり、転倒しやすくなる
- 言語が不明瞭になり（構音障害）、意思の疎通に支障をきたす
- 自分の意思通りに体が動かない

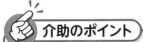

介助のポイント

- 病気の特徴を理解し、症状に合わせた介護が必要になります。
- 転倒予防が重要ですが、ベッド上で安静を余儀なくされると、さらなる運動機能の低下を招くので、適度な運動（散歩など）が必要です。
- 規則正しい生活を心がけましょう。
- バランス能力を維持するために、体幹を鍛える簡単な運動も効果があります。状態に応じてバランスボールなどの使用も効果的です。

2-05 パーキンソン病

おもに中年期以降に発症し、ゆるやかに進行する神経変性疾患です。

⚕ どんな病気？ ⚕

　脳内の神経伝達物質の１つであるドーパミンの減少により起こります。脳血管障害などの疾患や向精神薬などの薬物によってパーキンソン病とよく似た症状を呈するものをパーキンソン症候群といい、パーキンソン病と区別しています。

✚ おもな症状 ✚

パーキンソン病の三大症状は無動、固縮、振戦です。

- 安静時の手の震え（箸などを持つと増す）
- 四肢の筋肉が硬く、他動的に動かそうとすると抵抗がある（歩行時の最初の１歩が出にくいすくみ足）
- 歩き始めると止まりにくい（小刻みな突進歩行）
- 後ろを振り向く（体をねじる）ことが不得手
- 階段の昇降はできるが寝返りができない
- 顔の表情が硬く無表情になる（仮面様顔貌）
- 行動が緩慢
- 立った時、前かがみの姿勢になる
- 小声でぼそぼそした話し方になる
- よだれが垂れ、飲み込みに時間がかかる（嚥下障害）
- 自律神経障害による頑固な便秘や起立性低血圧を起こしやすく、体温調整がうまくいかない
- 進行すると、うつ状態、幻覚・幻聴などの精神症状が出る
- １日の中で、同じ動作ができる時とできない時の差が大きい（ON-OFF現象）
- 書いた文字が震えていたり、小さくなったりする

介助のポイント

● 長期にわたり徐々に病状は進行するので、ADL が低下しないよう日頃の観察が大切です。生活行為の中でどこに不便さや困難があるのかを知りましょう。できないことや OFF の時にはさりげなく介助しましょう。

● ストレスを避け、規則正しい生活を心がけましょう。

● 病気の特徴をよく理解し、転倒に注意し、急に後ろから声をかけないなどの配慮をしましょう。

● 薬の効果をみて、行動しやすい時間帯や動けない時間帯がいつなのかを知りましょう。

● 生活の中で、寝返り、起き上がり、起立、歩行につながる訓練を行い、運動機能の低下を予防します。

● 生活の中に「笑い」を取り入れましょう。本人の好きなことや得意なことで主人公になってもらう場面をつくりましょう。

● 人の話を理解していても、無表情で動きが緩慢で声が小さい、話そうとすると声より先によだれが垂れたりするといった状態があると、相手に誤解されやすいので、介護者はコミュニケーションの仲介をしましょう。

● 前かがみ姿勢が長く、呼吸も浅くなりがちなので、深呼吸をするなど、呼吸機能の維持に努めましょう。

● 胃や腸の動きが悪くなって、すぐに満腹になってしまうことがあります。その場合は、食事の回数を増やしたり、消化のよい食べ物を選ぶなど工夫しましょう。

● 歩行困難や足すくみの改善に、カラーテープを床に貼りまたぐようにしてもらうと改善することがあります。

※「足がすくんで前に出ない」時の介助のポイントは P.86 のイラスト参照。

脳・神経の疾患⑤

2-06 進行性核上性麻痺

脳の基底核・脳幹・小脳の神経細胞が減少し、転びやすい、しゃべりにくいといった症状が出る病気です。

🧳 どんな病気？ 🧳

パーキンソン病と似た症状が出るので区別がつきにくいのですが、進行性核上性麻痺の場合、発症の初期から転倒しやすく、震えはみられない点が異なります。

✛ おもな症状 ✛

- よく転倒する ● 徐々に動作が緩慢になる
- 姿勢が不安定、バランスを崩しやすい
- 転倒する時に、手で防御する反応が起きないため、顔や頭から転び、大ケガをすることがある
- 上下、特に下方へ視線を向けることが困難。進行すると左右にも動かしにくくなる
- しゃべりにくい（構音障害） ● 飲み込みにくくむせやすい（嚥下障害）
- すくみ足や歩き出すと止まれないといったパーキンソン病によく似た歩行症状が出る

介助のポイント

- 転倒予防が重要です。転倒によるケガも多くなるので、転んでもケガをしないように周囲の環境を整えることが大切です。
- 病気の特徴を理解し、症状に合わせた介護が必要です。

脳・神経の疾患⑥

2-07

筋萎縮性側索硬化症（ALS）

神経性の難病で、全身の筋肉が急速に萎縮し筋力が低下していく進行性の病気ですが、体の感覚や視力・聴力、内臓機能などは普通に保たれます。

🧰 どんな病気？ 🧰

進行すると手足や舌、のどなどの筋肉がやせていき、いずれは人工呼吸器の装着や経管栄養が必要となりますが、体の感覚や知能、視力、聴力などは正常に保たれます。中年期以降にかかりやすく、男性に多く発症します。

✛ おもな症状 ✛

- 初期は、手指や肘から先の力が弱くなる、あるいは話しにくいこともある
- 進行すると、全身の筋肉がやせていくため、体を動かすことができなくなり、呼吸の筋肉もやせるため呼吸も十分できなくなり呼吸不全に陥る

介助のポイント

- ALSにかかると体重が減り続けます。また、嚥下困難になるため、栄養や水分が不足しないようバランスのよい食事と十分な水分補給が重要です。

- 嚥下能力の低下がみられるので、誤嚥を防ぐ食べ方や食物形態に工夫が必要です。できるだけ体を起こした姿勢で食事をとりましょう。顎を引いて食べると、むせが少なくなります。

- コミュニケーションが困難な場合は、眼球の動きで操作する文字盤と呼ばれるコミュニケーションボードやコンピューターを使うことで意思の疎通が可能になります。

2-08 高次脳機能障害

言語・記憶・認知・感情などをつかさどる脳の機能（高次脳機能）が何らかの原因で損傷され、うまく機能しなくなった状態をいいます。

🧰 どんな病気？ 🧰

原因には、脳血管疾患、脳外傷、脳炎などがあります。損傷を受けた部位によって、言葉に障害が出たり記憶に障害が出たりします。

➕ おもな症状 ➕

- 運動麻痺や精神障害はなく、何を行うべきかはわかっているのに、それを行うことができない状態（失行）

  例）ズボンを頭からかぶろうとしたり、歯ブラシで髪をとかそうとしたりする

  無意識にはできるのに、意識すればするほどどうしたらよいのかわからなくなる

- 視力が悪いわけではないのに、見てもその物が何かわからない状態（失認）
- 視力とは無関係に、片方の空間にあるものが認識できない状態（半側空間無視）

  例）目の前の食事の半分を無視して残してしまうなど

左半側無視の場合、お盆の右側しか見えないので、いつも左半分のおかずを残します。

- 話す、聞く、読み書きの機能の障害（失語症）。話せても理解できない、理解できても話せない、計算ができないなど、いくつかの症状がある。使いなれた言語が初めて使う外国語のようになってしまうが、理解力そのものが低下したわけではない
- 物を組み立てることのできなくなる障害（構成障害）。日常生活で使う道具をうまく使えなくなる

  例）着衣の際、手順を追って服の位置を変えることが困難になる。ベッドに対してちょうどよい位置に車イスをつけて移乗することが難しくなる
- 注意の持続や維持が困難になる（注意障害）。思いつくとすぐ行動し、危険を予知できない。会話が断片的でまとまらず、行動に一貫性がなくなることもある
- 物事を行う手順を考え実行したり、変化に応じて対応することができなくなる（遂行機能障害）。行動にまとまりがないなどの状態がみられるが、決して怠けているのではなく「行動を起こすこと」が障害されているためなので、自分からは行動できなくても、指示されれば行動できる。声かけやそのタイミングが大切

  例）メニューを考えて買い物をし、調理をするといった一連の行動ができない
- 急に怒り出したり、笑い出したりといった感情コントロールの低下がみられる（情緒の障害）。状況に適した行動や言動ができなくなり、特に怒りは感情を抑えきれずに暴力につながることもある

▼高次脳機能障害の主な症状

急に怒り出す

注意の持続が困難

手順を考えて実行することが難しい

2

知っておきたい疾患と介護法

2-09 おもな認知症の原因疾患

認知症とは、脳の器質的な障害によって一度獲得した知能が持続的に低下し、生活に支障をきたす状態のことをいいます。

🏥 どんな病気? 🏥

「認知症」といっても、以下のようにいくつかの原因があります。

①アルツハイマー型認知症

脳を構成している神経細胞が通常の老化よりも急速に減ってしまうことによって認知症になっていく病気です。ゆっくり進行し、次第に悪化していきます。

➕ おもな症状 ➕

- 物忘れ ● 記憶力低下 ● 認知障害 ● 判断力の低下 ● 物盗られ妄想
- 徘徊 ● 失禁 ● 失語

②脳血管性認知症

脳の血管が詰まったり破れたりすることによって脳のはたらきが悪くなり、認知症になっていく病気です。脳梗塞を何度も起こすことにより、段階的に認知症状が進行することも多くみられます。

┌───┐
│　　　　✛　　**おもな症状**　　✛　　　　│
└───┘

- 片麻痺　● 意欲、自発性低下　● 歩行障害　● 頻尿、失禁　● 構音、嚥下障害
- 無反応

③レビー小体型認知症

　大脳皮質の多数の神経細胞内にレビー小体という特殊な変化が現れるものです。アルツハイマー病やパーキンソン病に似た症状が起こりますが、はっきりとした幻視がみられる特徴があります。アルツハイマー病に次いで多い病気で、国際的にも注目されています。

┌───┐
│　　　　✛　　**おもな症状**　　✛　　　　│
└───┘

- 物忘れ　● 幻覚（幻視・幻聴）　● 無反応　● 睡眠障害　● せん妄
- 歩行障害　● 手足の震え　● 嚥下困難　● 記憶力低下　● 認知障害

▼無反応

しばしばうつと混同されますが、うつは常に気持ちが沈みがちなのに対し、無反応は何事にも関心を示さない状態です。

2

知っておきたい疾患と介護法

④前頭側頭変性症

　若年期（64歳以前）に発症することが多いピック病と呼ばれていた認知症がこれに該当します。大脳の前頭葉や側頭葉に変性・萎縮がみられる原因不明の進行性神経疾患です。人格の変化や暴力的になったり反社会的な行為が起こったりすることもあります。

＋　おもな症状　＋

- 人格障害　● 過食　● 異食　● 万引きなどの反社会的行為
- 同じ行為（言葉）を繰り返す（常同行動）　● 物事へのこだわりが強くなる
- 徘徊　● 情緒障害　● 自制力の低下

⑤アルコール性認知症

　長期の飲酒によってアルコール依存症になると、内臓疾患だけではなく、認知機能など精神症状にも影響を与え、脳の萎縮を伴う認知症になることがあります。

＋　おもな症状　＋

- 幻覚・妄想などの精神症状　● 記憶力低下　● 判断力低下

⑥クロイツフェルト・ヤコブ病

　クロイツフェルト・ヤコブ病は、脳が萎縮して海綿状になり、急速に認知症の症状が進行する中枢神経の病気です。孤発性、遺伝性、感染性の3つのタイプがあります。

＋　おもな症状　＋

- 視覚異常　● 抑うつ　● 不眠　● 歩行障害　● 無反応

介助のポイント

- 認知症について理解し、認知症の人がなぜそのような行動をとるのかを知ることが大切です。

- できることはなるべく自分で行えるよう、リズムのある生活を送ってもらいましょう。

- 介護者がむやみに介入せず、本人のペースに合わせましょう。

- 信頼されるように心がけましょう。

- 定期診断や往診・相談できるかかりつけ医を持ちましょう。

- 徘徊をする可能性を考え、連絡先などを書いたカードを身につけておくようにします。

- 無力感にさいなまれることの多い介護者のケアも大切です。

- 感情（特に負の感情）はしっかり残ります。

- 不安感から問題行動につながることもあります。

- 言葉を否定しない、行動を抑制・禁止しない、無理強いしない、といったことが大切です。

▼認知症の症状

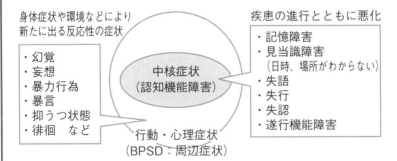

身体症状や環境などにより
新たに出る反応性の症状

- 幻覚
- 妄想
- 暴力行為
- 暴言
- 抑うつ状態
- 徘徊　など

中核症状
（認知機能障害）

行動・心理症状
（BPSD：周辺症状）

疾患の進行とともに悪化

- 記憶障害
- 見当識障害
　（日時、場所がわからない）
- 失語
- 失行
- 失認
- 遂行機能障害

中核症状は、脳の神経細胞が壊れることにより直接もたらされる症状です。
BPSD（行動・心理症状）は、中核症状に心理的要因（ストレス・不安感、孤独感など）、身体的要因（脱水など）、環境的要因（不慣れな環境など）等が作用して出現すると考えられています。

知っておきたい疾患と介護法

2

2-10 骨・関節・筋肉のはたらき

私たちの体を支え、立ち上がったり歩いたりなどの運動ができるのは、骨と骨とが関節で互いに連結しているからです。また、体は骨と関節以外に、筋肉の収縮力があって初めて動くことができます。

骨のはたらき

私たちの体には約 206 本の骨が存在します。

骨のおもなはたらきは、①体を支える、②臓器を守る、③骨代謝を行う、④血液をつくる、⑤カルシウムやリンを貯蔵する、などがあげられます。カルシウムが減少すると骨折しやすくなります。

関節のはたらき

関節は、骨と骨の継ぎ目にあり、大きな可動範囲を持つもの（肩関節・肘関節・股関節など）と、わずかな可動範囲しか持たないもの（骨盤にある関節など）があります。関節は関節包という袋に包まれ、関節軟骨という組織で覆われています。関節軟骨は水分を多く含み、関節のスムーズな動きを可能にしています。

筋肉のはたらき

筋肉は、骨格筋（腕や足の筋肉、腹筋、背筋など）、平滑筋（胃や腸などを動かす不随意筋）、心筋（心臓だけにある筋肉）の 3 種類に分かれます。筋肉は、体を動かすだけではなく、呼吸運動や消化運動などにもはたらきます。

▼全身の骨格

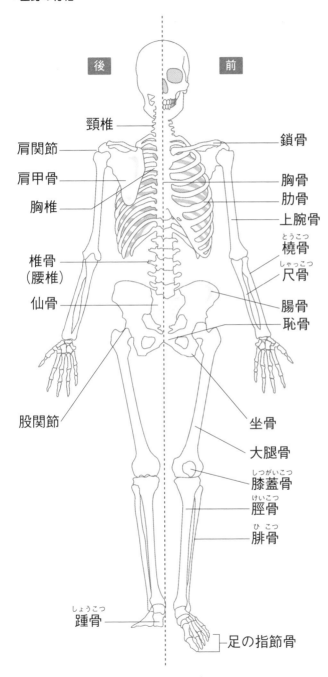

後　前

頸椎

肩関節

肩甲骨

胸椎

椎骨
（腰椎）

仙骨

股関節

鎖骨

胸骨

肋骨

上腕骨

橈骨
とうこつ

尺骨
しゃっこつ

腸骨

恥骨

坐骨

大腿骨

膝蓋骨
しつがいこつ

脛骨
けいこつ

腓骨
ひ　こつ

踵骨
しょうこつ

足の指節骨

▼全身の筋肉

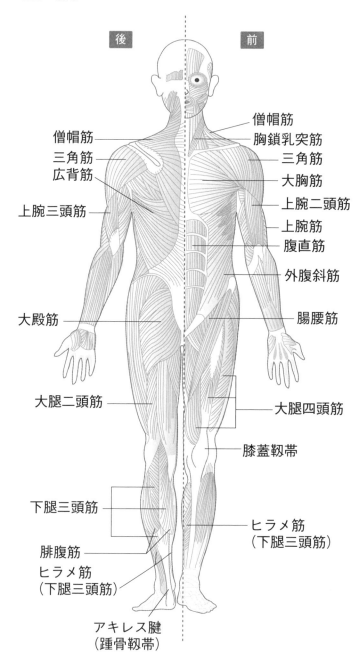

後　　前

僧帽筋
胸鎖乳突筋
三角筋
大胸筋
上腕二頭筋
上腕筋
腹直筋
外腹斜筋
腸腰筋

僧帽筋
三角筋
広背筋
上腕三頭筋

大殿筋

大腿二頭筋

下腿三頭筋

腓腹筋
ヒラメ筋
（下腿三頭筋）

アキレス腱
（踵骨靱帯）

大腿四頭筋

膝蓋靱帯

ヒラメ筋
（下腿三頭筋）

骨・関節の疾患①

2-11 骨粗鬆症

骨の量が減って（若年成人の70%）骨が弱くなり、骨折しやすくなる病気です。

🏥 どんな病気？ 🏥

骨折しやすくなる骨粗鬆症ですが、痛みのために動作が制限される骨折は高齢者の寝たきりの原因の1つです。

＋ おもな症状 ＋

● 背中がまるくなる　● 腰痛　● 背部痛
● くしゃみや咳などで肋骨や背骨、大腿骨が骨折してしまう。

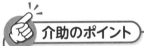

介助のポイント

● 骨折しやすいので、転ばないように注意することが必要です。

● 食事では、カルシウムの多い乳製品や小魚、豆腐類、ビタミンDを多く含む魚、キノコなどの食品をとることが大切です。

● 日光に当たることも大切です。ビタミンDは日光に当たることによって活性化します。

● 散歩やプールなど、無理なく動ける軽い運動を行うことも予防法の1つです。

²⁻12 関節リウマチ

身体のあちこちの関節に炎症が起こり、関節が腫れ、痛みや変形が生じる膠原病の1つです。

🧰 どんな病気？ 🧰

リウマチは関節の炎症だけでなく、血管や心臓、肺、皮膚、筋肉といった全身臓器にも障害が及びます。

➕ おもな症状 ➕

- 両側の手足の関節のこわばり ● 痛み・腫れ ● 微熱が続く ● 疲れやすい
- だるさがとれない

介助のポイント

- 関節の安静を図ることが第一ですが、動かないでいると筋肉が衰え、関節の動きも制限されてしまうため、関節の動く範囲で適度な運動をすることが大切です。

- 入浴により血液の流れが改善され、痛みやこわばりが軽減できます。40℃ぐらいのややぬるめのお湯に10分〜20分程度つかるとよいでしょう。

- 起き上がりや寝返りをうつ動作がつらくなるため、ベッドを使用する生活様式に変更することが大切です。

- 保温性が高く脱ぎ着が楽な衣服を選ぶことが大切です。

- 関節に負担がかかる動作はできるだけ減らすことが大切です。また、うつむいての読書や手芸は、頸椎の関節への負担が大きくなります。

▼関節リウマチの場合の関節保護法

変形が起きやすい方向に負荷がかからないように、末梢の小さい関節はなるべく使わず、より体幹に近い関節（腕・肩など）を使うようにします。

手ぬぐい・ぞうきん絞り

大きくねじらなくてもいいように、蛇口やフックにかけて絞ります。

買い物の荷物

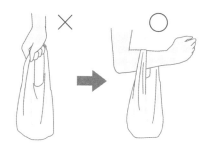

腕にかけて持つと、指に負荷がかからず、肘関節への負荷も軽くなります。

鍋の持ち方

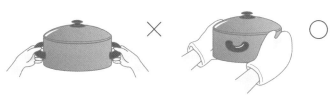

鍋は手全体で持ちます。ミトン型の鍋つかみを使って腕全体で持ち上げると、負荷が分散されます。

2

知っておきたい疾患と介護法

骨・関節の疾患③

2-13 変形性関節症

関節の軟骨とその周囲の組織に変性が起こり、痛みやこわばり、機能障害を生じる疾患です。

🧰 どんな病気？ 🧰

変形性関節症による関節の変形は全身のどの関節にも発生しますが、体重がかかり酷使される機会が多い膝関節（変形性膝関節症）や股関節（変形性股関節症）に発症しやすい傾向にあります。

✚ おもな症状 ✚

- 歩き始めや動作開始時に起こる痛み ● 関節に水がたまる ● 関節の変形
- 筋力低下 ● 歩行困難

 介助のポイント

- 関節に負担がかかる長時間の歩行や階段昇降はなるべく避け、関節を冷やさないようにすることが大切です。膝にかかる体重は、階段上りで3倍、下りで6倍です。

- 肥満は関節に負担をかけるので、減量も必要です。

- 動かさないでいると関節が硬くなり、可動域が狭くなっていくので、痛みの出ない範囲で動かしましょう。

- 身体を温めると血流がよくなり、関節や筋肉の痛みが和らぐため、入浴で身体を温めたり、ホットパックをするなどの対応をします。

- プールを歩くなど、太ももの筋肉や股関節周囲の筋力強化をすることが大切です。

骨・関節の疾患④

後縦靭帯骨化症

背骨を安定させる後縦靭帯が骨のように固くなり脊髄を圧迫し、神経障害を引き起こす病気です。

🩹 どんな病気？ 🩹

脊髄の圧迫される部位により症状が変化します。すべての脊椎で起こり得ますが、頸椎での発症が大多数です。一度骨化した靭帯は、もとに戻ることはありません。

✚ おもな症状 ✚

● 手指の運動障害 ● 歩行障害 ● 上肢のしびれ ● 首の痛み ● 肩こり

✛ 検査・診断 ✛

X線検査（レントゲン）で、簡単に後縦靭帯骨化の有無を診断することができます。精密検査はCTやMRIを行い、症状の重い場合は手術をします。

介助のポイント

● 症状の悪化を防ぐためにも、転倒や打撲など首に衝撃が加わるようなケガに注意することが必要です。

● 首が硬くならないように、軽いストレッチをすることが大切です。

● 初期にはカラー固定（首に巻くコルセット）し、局所の安静を図るため、外さずに1日中固定します。

● うつむいての読書や手芸は短時間にしましょう。

骨・関節の疾患⑤

2-15 脊柱管狭窄症

脊髄中枢神経の通り道である脊柱管が狭くなって神経障害を引き起こす病気です。

🧳 どんな病気？ 🧳

脊柱管狭窄症は、脊柱管の位置が上下でずれる（脊椎すべり症）、生まれつき狭い（先天性狭窄症）、加齢などで骨が肥大・変形する（変形性脊椎症）などによって起こります。

✛ おもな症状 ✛

● 歩行障害（間欠性跛行：歩くうちに下肢が痛み歩けなくなる。休息すると痛みがとれて歩けるようになる）● 腕が重い ● だるい ● しびれる ● 指が突っ張る感じがする ● 手指の動きがぎこちない ● 進行すると下肢の筋力低下、膀胱、直腸障害

介助のポイント

● 身体が思うように動かない時は、安静が第一です。

● 姿勢が悪いと背骨のゆがみが生じ、脊柱管狭窄症を引き起こすことがあります。背中をそらせる姿勢は脊柱管を狭め神経を圧迫するので、痛みのある時は避けましょう。

● 適度なストレッチを行い、肥満の改善も大切です。

● 薬で痛みが改善しない場合は、コルセットをしたり、温熱療法を併用するといいでしょう。

● 大きなくしゃみは背骨に負担をかけるので注意しましょう。

²-16 骨折

骨折とは、骨が変形、破壊を起こす外傷で、骨の構造の連続性が失われた状態のことです。

🩹 どんな病気？ 🩹

高齢者の骨折は回復が遅く、骨粗鬆症のある人の場合、折れた骨をつなごうとしてもうまくいかないこともあります。何よりも日常生活で骨折を防ぐ工夫が重要です。

✚ おもな症状 ✚

● 痛み ● 骨の変形 ● 内出血 ● 腫れ

介助のポイント

● 骨粗鬆症が進行していると体位変換やオムツ交換時、くしゃみをした刺激で骨折することもあるので注意が必要です。

● リハビリテーションが遅れると、機能回復に支障をきたすおそれがあります。腕や足の骨折の場合は、ギプスで固定中の時も、手指のグーパー運動や足の曲げ伸ばしをするなど、動かせる範囲で運動を行うことが大切です。血行がよくなり、むくみの改善にもつながります。

● 家の段差を解消するなどの転倒予防や、運動の前の準備体操を十分に行うなど、日常生活での注意を心がけることが大切です。

● 骨の形成を促すたんぱく質や、カルシウム、ビタミン D、ビタミン K を多く含む食品をとり、バランスのよい食生活を送ることが重要です。

2-17 感覚器のはたらき

　内外からの刺激を感知し、さまざまな情報を集める器官が感覚器です。ここでは、視覚と聴覚の機能と疾患についてみていきます。視覚器（眼）、平衡聴覚器（耳）、嗅覚器（鼻）、味覚器（舌）、皮膚感覚器などがあります。感覚器の機能は加齢とともに低下していくため、日常生活へ支障をきたしやすくなります。

目のはたらき

目は、眼球とまぶたや涙腺などの副眼器からなり視神経を通して脳とつながっています。視覚は、眼球の内部にある網膜に光が当たることによって生じます。網膜にある視細胞が受容器となります。

▼眼球の断面図

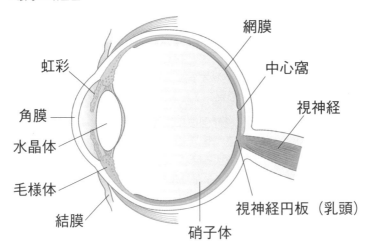

耳のはたらき

　耳は、外耳、中耳、内耳の3つから構成されます。外耳・中耳は音の伝達器で、内耳は音と平衡感覚の受容器です。聴覚は、内耳の蝸牛にある聴細胞で感じとります。平衡感覚は、内耳の前庭と半規管がつかさどります。

　音は、どのようにして聞こえるのでしょうか。空気中を伝わって、耳介から外耳道を通り中耳にある鼓膜を振るわせます。この振動は中耳の耳小骨を伝わり、内耳に届き、内耳にある聴細胞が音を感じとり、聴神経から大脳へ伝えられ、音や音声として私たちが理解できるのです。

　外耳から中耳までを「伝音系」のはたらき、内耳から大脳までを「感音系」のはたらきといいます。

2

知っておきたい疾患と介護法

▼耳の構造

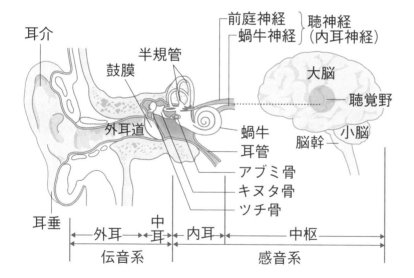

2-18 白内障

眼のレンズにあたる水晶体が徐々に濁ってくる病気です。

🗄 どんな病気？ 🗄

眼の中の水晶体が濁って網膜に像を結ぶはたらきが弱くなり、物がかすんで見えるようになります。原因は、加齢によるものが圧倒的に多いのですが、糖尿病や外傷、頭部への放射線治療、アトピーなどが原因になることもあります。

✚ おもな症状 ✚

- 物がかすんで見える ● 視力の低下
- 車のヘッドライトなどの光をまぶしく感じる
- 少し暗い場所のほうが見えやすい

➕ 治 療 ➕

ある程度進行すると、手術で人工眼内レンズを挿入します。近年は入院しないで手術が行えるようになってきています。術後に視力が回復する例は多くなっています。

介助のポイント

- 本人の正面でしっかり目を見て会話します。
- できるだけ物の位置は変えないでおきます。変える場合は、本人にも確認してもらいましょう。
- 段差などはコントラストをつけて、目立たせましょう。

2-19 緑内障（あおそこひ）

眼圧が高くなり、視神経が損傷を受けて視野狭窄や視力低下などの症状が出る病気です。慢性型と急性型があり、急激な眼圧の上昇により失明することもあるので注意が必要です。

🏥 どんな病気？ 🏥

眼球を一定の大きさに保つために必要な眼球内の圧力を眼圧といいます（日本人の正常な眼圧は 10 ～ 12mg とされるが、時間帯や季節で変動がある）。その眼圧が高くなるのが緑内障ですが、いろいろなタイプがあり、眼圧の上昇しないものもあります。

急性緑内障発作の症状は、激しい目の痛みや頭痛、視力低下、吐き気、嘔吐などですが、この場合は、すぐに眼科を受診し眼圧を下げます。

✚ おもな症状 ✚

- 視野が少しずつ狭くなる ● 視野欠損がある
- 初期：目が疲れやすい（眼精疲労）、目がかすむなど自覚症状がはっきりしないまま進む

介助のポイント

- 生涯にわたる管理が必要。定期的な検査・治療を。
- 眼痛や頭痛がある場合は、緑内障を疑って眼科を受診しましょう。40 歳過ぎたら定期検診を。
- 視野が狭い場合は、正面から話しかけましょう。
- 徐々に見えづらくなり不安が増すので心理的なケアも大切です。

2

知っておきたい疾患と介護法

加齢黄斑変性症

網膜の中心にある黄斑部に異常が起こり、視力や視野が損なわれる病気です。近年、増加している病気で、失明原因の第4位となっています。

🧰 どんな病気？ 🧰

加齢により、視線を調整したり色を識別したりという、物を見る上で最も重要な部位である網膜の中心にある黄斑部に異常が起こり、視力や視野が損なわれます。おもに高齢者にみられます。萎縮型と滲出型の2つがあり、萎縮型は病気の進行がゆっくりで視力の低下はありますが、重症には至りません。滲出型は急速な視力障害を起こし失明に至ることもあります。

✚ おもな症状 ✚

- 視野の中心部が見えにくい
- 色のコントラストがわかりにくい
- 物がゆがんで見える
- 急激に視力が低下する

介助のポイント

- 中心部が見えにくいため、人の表情がつかみにくいことがあります。また、見ようと思うところが見えないことでイライラすることがあります。本人の見える位置を知り、適切な方法でコミュニケーションをとりましょう。
- 徐々に見えづらくなり不安が増すので心理的なケアも大切です。

感覚器の疾患④

2-21 流行性角結膜炎

伝染性の結膜炎で、おもに手を介して感染します。俗に「はやりめ」ともいいます。

🏥 どんな病気？ 🏥

潜伏期間は1〜10日です。感染力が強いので、施設などでは高度の注意が必要です。涙や目やにを拭き取ったティッシュペーパーなどを放置すると、あっという間に大流行することがあります。通常は、2週間前後で治ります。

✚ おもな症状 ✚

- 目の充血や目やにがあり、まぶたが腫れる ● 目のかゆみ ● 流涙
- 異物感（目がゴロゴロする） ● 羞明感（異常なまぶしさを感じる）
- 結膜に小さなブツブツが生じる

介助のポイント

- 流行性角結膜炎の人への点眼介助には手袋を必ずしましょう。他の人の点眼時は素手で大丈夫です。
- 利用者の手指やさわった物はアルコールで消毒し、介護者が媒介になったり、自分が感染しないよう細心の注意を払います。
- 目をさわった手は、流水と石けんでよく洗います。
- 利用者のタオルなどは他の人と共用せず別にします。

2

知っておきたい疾患と介護法

131

感覚器の疾患⑤

2-22 聴覚障害

何らかの原因により、耳が遠くなることです。

🧰 どんな病気？ 🧰

　まったく聞こえない状態から大きな声で話せばわかるという程度まで聴覚障害の状態には幅がありますが、聞こえにくさを訴える高齢者は多いです。

難聴の種類

①伝音性難聴

　伝音系に障害が起きたことによる難聴です。音が小さく聞こえる特徴があります。補聴器などを使うと、比較的生活しやすくなります。

②感音性難聴

　感音系に障害が起きたことによる難聴です。音が小さく聞こえる上に、ゆがんで聞こえる特徴があります。老人性難聴や突発性難聴は、感音性難聴の一種です。

③混合性難聴

　伝音系と感音系の両方に障害が起きたことによる難聴です。

おもな難聴

①老人性難聴

　加齢に伴う聴力低下による難聴で、感音性難聴の1つです。聞こえ方には個人差が大きく、高い音が聞き取りにくい特徴があります。根本的な治療法はないので、低めの声でゆっくり話す、補聴器などにより聞こえやすくするなどで対応します。しかし、伝音性の難聴の場合は原因となる疾患を治療すれば治すことが可能です。

②突発性難聴

　突然起きる難聴で、今のところ原因は不明です。耳鳴りやめまいが生じることもあります。40代〜60代に多くみられます。できるだけ早く治療を開始することが大事です。

介助のポイント

- 本人の視野に入って、近くでゆっくり口を大きく開けて低めの声ではっきりと話します。大きな声で話せばいいというものではありません。

- 補聴器を使う場合は、適合性を判断しましょう。

- 突発性難聴は周囲から理解を得にくいため、本人は大きなストレスを抱えています。精神面のフォローも必要です。

- 聞こえにくいことで人との交流が少なくならないよう配慮しましょう。

- 耳垢や異物で外耳道が詰まっていないか確認し、詰まっている疑いのある場合は耳鼻科を受診しましょう。

感覚器の疾患⑥

²⁻23 メニエール病

ストレスが原因といわれる内耳の病気です。

🏥 どんな病気？ 🏥

　ぐるぐる回るような強いめまいが特徴で、耳鳴りや難聴といった症状が現れます。症状は突然現れて、どの程度の時間続くかは人によって違います。短い時間で落ち着く人もいれば、数日間続く人もいます。

　症状が出現する間隔も人によって違い、治ったと思っても数年単位で繰り返すこともあるので注意が必要です。

➕ おもな症状 ➕

- 耳鳴り、難聴とともに発作的にめまいを繰り返す
- 突然の激しいめまい
- 吐き気や嘔吐
- 動悸

介助のポイント

- めまいが起こったら、あわてず楽な体位で休ませます。
- たいていは数時間でおさまります。

2-24 歯周病

歯周組織を侵す病気の総称です。おもに歯肉炎と歯周炎に大別されます。

🏥 どんな病気? 🏥

ほとんどの歯周病は、歯垢（プラーク）中の細菌によって、歯肉やセメント質、歯槽骨が炎症を起こし、破壊されるもので、歯を失う大きな原因になっています。

✚ おもな症状 ✚

- 口腔内に不快感があり、口臭がある
- はぐきが腫れて痛む
- 歯ブラシを当てると出血や膿が出る
- 歯がぐらぐらする
- 固い物が食べられない

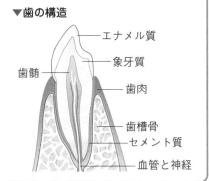

▼歯の構造

- エナメル質
- 象牙質
- 歯髄
- 歯肉
- 歯槽骨
- セメント質
- 血管と神経

介助のポイント

- 口腔内の清潔が第一です。力を入れすぎず丁寧なブラッシングで歯垢を除去します。
- 偏食を避け、新鮮な野菜を多くとりましょう。
- 歯周病は全身に悪影響を及ぼすといわれていますので、早期発見・早期治療が大切です。
- 定期的に歯科で歯石を除去しましょう。

2-25 循環器のはたらき

心臓と血管系、リンパ系の総称を循環器系といいます。

心臓のはたらき

　心臓は血液を送り出すポンプの役割を果たし、左心室から出た大動脈血は、全身へ酸素と栄養分を運びます。各組織から二酸化炭素と老廃物を受けた静脈血は、右心房へ戻ります。リンパ系は、リンパ管やリンパ節、脾臓などからなっており、リンパ管は静脈に沿って全身に張りめぐらされ免疫機能を担っています。

　心臓は2心房2心室からなります。大静脈 - 右心房 - 右心室 - 肺動脈 - 肺 - 肺静脈 - 左心房 - 左心室 - 大動脈 - 全身 - 大静脈の順に血液を循環します。1回の拍動で60〜90mLの血液を送り出し、1分間に60〜70回拍動します。

▼心臓への血液の流れ

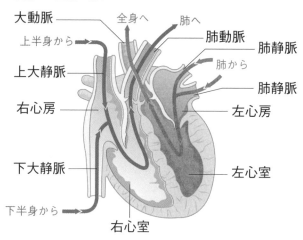

（凡例）
▬ 酸素を多く含んだ血液（動脈血）の流れ
▬ 二酸化炭素を多く含んだ血液（静脈血）の流れ

▼動静脈の流れ

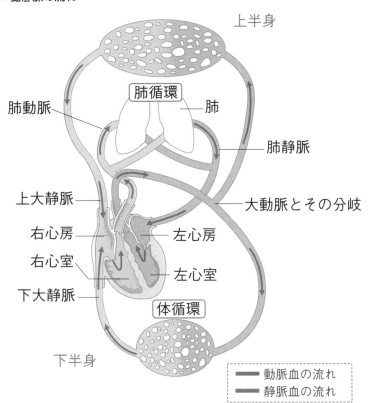

赤血球	ヘモグロビンが酸素を運搬する。骨髄で生成
白血球	体内に入った細菌や異物から体を守る。感染が起きると増加する。骨髄リンパ節で生成。好酸球、好中球、リンパ球などに分類される
血小板	出血を止める作用がある。骨髄で生成。血小板の産生能力が低下する病気には、白血病や再生不良性貧血がある
血漿	血液から血球成分を除いた液体成分。90％は水でそれ以外は、たんぱく質、脂質などが含まれている。体液の恒常性を維持するはたらきがある

▼血液の成分とはたらき

〔注〕 ＊各成分の正常値については、第 3 章 P.232 を参照のこと

2-26 高血圧

心臓から送り出された血液が血管壁に与える圧力を血圧といいます。血圧が高くなることで血管壁にかかる圧力が大きくなり、さまざまな病気の引き金になります。

🩺 どんな病気？ 🩺

加齢に伴い動脈硬化が進むと血管の弾性が低下するので、血圧の上昇や降下が急激になります。

日本高血圧学会『高血圧治療ガイドライン 2019』によれば、高血圧とは、病院などで測定した血圧値が、収縮期血圧 140mmHg 以上または拡張期血圧 90mmHg 以上（140/90mmHg 以上）の状態をいいます。自宅で測定する血圧は、それより低い収縮期血圧 135mmHg 以上または拡張期血圧 85mmHg 以上（135/85mmHg 以上）が高血圧とされます。

75 歳以上の後期高齢者では、135/85mmHg 未満を目安としていますが、高齢になるとさまざまな臓器の機能が低下してくるので、血圧の低下が体に悪影響を及ぼすことがあるため、治療は慎重に行う必要があります。

原因不明の高血圧を本態性高血圧といい、これはアルコール摂取や肥満、過剰な塩分摂取などの生活習慣が影響するといわれています。また、腎疾患など原因となる疾患があり二次的に引き起こされるものを二次性高血圧といいます。

高血圧が続くと脳血管疾患が起きるリスクが高くなる他、心臓や腎臓にも負担がかかります。

✚ おもな症状 ✚

- めまい ● ふらつき ● 頭痛 ● 首のこり
- よほど進行しないと自覚症状は現れない。健康診断で発見されたり、合併症の発症で気づくことが多い

食事療法の注意点

食事療法では1日の塩分を10mg以下にします。ただし、高齢者は長年の食習慣もあるので、厳しい制限で生活の楽しみを奪わないよう工夫が必要です。

降圧剤を服用している場合の注意

高齢者は薬が効きすぎて起立性低血圧を起こしやすくなるので、注意深い観察が必要です。夜間など安静時に血圧が下がりすぎて、脳の血行が悪くなり脳梗塞を起こすこともあります。

 介助のポイント

- 室温の急激な変化を避けましょう。特に冬の朝方のトイレや脱衣場、一番風呂は要注意です。浴室はシャワーの蒸気や暖房で暖めておきましょう。
- 42〜43℃のちょっと熱めのお湯は血圧の変動を著しくし、急に血圧が低下して溺れることがあります。
- 血圧は日常生活行為によって変動します。いろいろな場面で血圧を測り、1日の変化を知ることも大切です。

循環器の疾患②
虚血性心疾患（狭心症・心筋梗塞）

心臓に栄養や酸素を送る血管（冠状動脈）が狭く（狭窄）なったり詰まったり（閉塞）することで起こります。

➕ どんな病気？ ➕

冠状動脈の狭窄によるものが狭心症で、心筋が酸素欠乏状態になります。閉塞によるものが心筋梗塞で、心筋の一部で壊死が起こります。

➕ おもな症状 ➕

- 胸痛（狭心症：数秒〜15分ほど）
- 胸痛（心筋梗塞：20分以上続く激しい痛み）
- 高齢者は、腕や腹部の痛みを訴えることや無症状のこともある
- 突然の意識消失で発症することもめずらしくない
- 胸部圧迫感 ● 胸部がしめつけられる感じ ● 心拍数増加
- 左肩、腕の痛み ● 上腹部の灼熱感 ● 嘔吐

▼発作時の対応

狭心症発作	心筋梗塞発作
● 楽な姿勢で安静。 ● 冠状動脈拡張剤（ニトログリセリンなど）を舌下またはスプレーする。 ● ニトログリセリン舌下またはスプレーワンプッシュで症状改善がなければ、救急車を要請→心筋梗塞への危険性あり。 ● 医師・看護師に連絡する。 ● 初めての発作やいつもと違う時は医師の診察を受ける。	● すぐに救急車で搬送。 ● 絶対安静とし、歩けても歩かせてはいけない。

介助のポイント

● 発作を起こす誘因（運動、食事、入浴、喫煙、疲労、不眠、心配事、精神的興奮、ストレスなど）を除去または最小限に抑えます。

● 狭心症の場合、安静時に発作の起こるタイプと労作時に発作を起こすタイプがあります。どのくらいの労作や運動（負荷）で動悸や息切れといった胸部症状が出るのか把握しておき、症状の出ない範囲で活動するように配慮しましょう。

● 室温の急激な変化を避けましょう。特に冬の朝方のトイレや脱衣場、一番風呂は要注意です。浴室はシャワーの蒸気や暖房で暖めておきましょう。

● 脱水は心臓に負担をかけます。水分を十分とることを心がけましょう。

● 薬が処方されている場合は決められた通りに飲み、発作時の薬もきちんと準備しておきましょう。

Column

意識消失の場合は、すぐ救急車を

　高齢者の心筋梗塞は、意識消失の状態で発見され、そのまま死に至ることもよくあります。

　このような急変に至らないように、日ごろから脱水になっていないか、血圧の大きな変動がないかなどの健康管理が重要です。もし意識消失に陥ったら、すぐ救急車を呼びましょう。

2

知っておきたい疾患と介護法

循環器の疾患③

2-28 心不全

心臓の機能低下により、全身に十分な血液を送り出すことのできなくなった状態をいいます。

🧰 どんな病気? 🧰

心疾患が原因の場合が多いのですが、高血圧や加齢に伴う心機能の低下、脱水、過剰な補液、薬の副作用で起こることもあります。

✚ おもな症状 ✚

- 運動時の動悸、息切れ、呼吸困難
- 足背や足首、顔、まぶたのむくみ（浮腫）が1日中みられる（ただし脱水があると目立たない）
- 病気が進行すると安静時にも症状が出る

👆 介助のポイント

- 日常生活でどのくらいの負荷で症状が現れるのかを観察しておきましょう。
- 呼吸困難時は上体を少し起こし安静にしましょう。
- 身体機能が低下しないように適度な活動を促しましょう。
- 過労やストレスを避け規則正しい生活を心がけましょう。

▼ファーラー位（半座位）

45〜60度

▼セミファーラー位

15〜30度

循環器の疾患④

2-29 閉塞性動脈硬化症

動脈硬化のため、太い動脈が慢性の血流障害を起こした状態をいいます。

🏥　どんな病気？　🏥

　閉塞性動脈硬化症は上肢でも起こりますが、おもに下肢の動脈に多くみられます。末梢への血流が悪くなるため、下肢にしびれや痛みを感じ、悪化すると壊死の状態にまでなります。男性高齢者に多い疾患です。

✛　おもな症状　✛

- 閉塞側の足先の冷感、しびれ、痛み
- 歩行困難（休み休み歩く）
- 臥床安静時（特に夜間）の痛みが強い
- 悪化すると皮膚が変色する

▼狭窄が起こりやすい部位

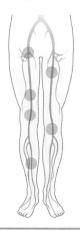

 介助のポイント

- 喫煙と糖尿病がこの病気の危険因子です。禁煙と糖尿病の治療は適切に続けましょう。
- 適度な運動をすることで悪化を防ぎましょう。
- 足背動脈の触れかた（脈）を、毎日左右の足で確認しておくとよいでしょう。

2

知っておきたい疾患と介護法

循環器の疾患⑤

2-30 大動脈瘤

大動脈の一部が瘤のようになった状態をいい、加齢に伴い動脈壁が弱くなることによって起こります。

🧰 どんな病気？ 🧰

大動脈瘤は、動脈瘤のできる部位によって、胸部大動脈瘤、腹部大動脈瘤などと呼ばれます。大きさはさまざまで、経過観察をすればよいものから手術が必要なものまであります。破裂した場合は、緊急手術が必要で、死に至ることもあります。

➕ おもな症状 ➕

- 自覚症状はほとんどない
- 腹部の場合は、拍動性の腫れ物に気づくこともある
- 破裂すると、激しい痛み、呼吸苦、意識障害が起きる

➕ 診断・治療 ➕

超音波検査や CT で動脈瘤の大きさを確認します。動脈瘤が大きい場合は手術が検討されますが、高齢者には危険をともなう治療といえます。

介助のポイント

- 高血圧や動脈硬化がこの病気の危険因子なので、血圧の管理は大切です。
- 瘤の大きさに変化がないか、定期的に受診しましょう。

2-31 呼吸器のはたらき

呼吸器は、空気の流通路である気管、気管支、細気管支の気道系と、ガス交換の場である肺胞から成ります。

呼吸器のしくみとはたらき

呼吸器には、①呼吸（酸素と二酸化炭素の交換をする）、②防御（体を外界から守る）、③代謝（不必要なものを痰とともに外に出す）の3つのはたらきがあります。気道は、空気中の酸素を肺胞に導き入れ、肺胞内の二酸化炭素を外界へ排出する道管です。鼻、口、咽頭、喉頭までの上気道と、気管、気管支、細気管支までの下気道に分けられます。

肺は左右に2つあり、右肺は上葉、中葉、下葉に分かれ、左肺は上葉と下葉に分かれています。空気の通り道となっている気道と、酸素の取り込みや二酸化炭素の排出を行う肺胞から成り立っています。

▼呼吸器のしくみ

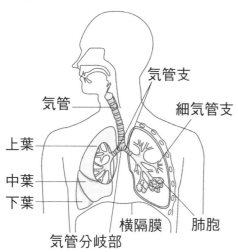

呼吸器の疾患①

2-32 肺炎

細菌やウイルスなどの病原菌の感染によって肺に炎症が起こる病気です。高齢者の場合、口腔内細菌が原因となって起こることもめずらしくありません。

🏥 どんな病気？ 🏥

肺炎は、免疫力が弱くなっているとかかりやすくなるといわれています。高齢者は、嚥下障害により、気管に入った食物や唾液などを咳嗽反射で排除できないため起こる誤嚥性肺炎に注意が必要です。

✚ おもな症状 ✚

● 咳　● 痰　● 胸痛　● 発熱　● 呼吸困難　● 全身倦怠感　● 食欲不振

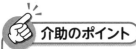

介助のポイント

- 誤嚥による肺炎を防ぐためには、嚥下の状態を十分観察し、ふだんから口腔内の状態をチェックし、清潔に保つために、食後の歯みがきを習慣にしましょう。

- 高齢者は嚥下機能が衰えているので、食事をする時の姿勢を前かがみにし、ごっくんと飲み込むことを意識するようにします。

- 脱水にならないよう、水分の補給が重要です。

- ムセがみられた時は、水を飲ませてはいけません。十分に咳をしてもらうようにしましょう。

2-33 肺結核

肺結核は、結核菌が肺胞に到達して繁殖することで発病します。飛沫核を吸うことで感染する空気感染ですが、感染者がすべて発病するわけではありません。

🩺 どんな病気? 🩺

肺結核の人が咳をした時に、結核菌が空気中に漂い、身近にいる人が感染します。結核は空気感染がほとんどです。

✚ おもな症状 ✚

● 咳 ● 痰 ● 疲労感 ● 倦怠感 ● 体重減少 ● 食欲不振 ● 寝汗
● 息切れ

介助のポイント

● 本人、介護者ともに、毎年の定期検診を必ず受けるようにしましょう。

● 空気感染がほとんどなので、換気を十分行います。

● 痰が出た時は、専用の容器を決めて捨てることが重要です。

● 咳が出る時はマスクを着用し、咳エチケットを守りましょう。

● 肺結核の人と接触した場合は、医療機関を受診して、感染していないか、必要な検査をすることが重要です。

● 痰から結核菌が出ていない（排菌していない）時は、結核予防法に基づく入院・隔離は不要です。

呼吸器の疾患③

2-34 慢性閉塞性肺疾患 (COPD)

気道の慢性的な閉塞で肺への空気の流れが悪くなる病気の総称です。

🩺 どんな病気？ 🩺

慢性閉塞性肺疾患は、肺の生活習慣病といわれています。肺気腫と慢性気管支炎の2つがあげられます。喫煙などによる肺の慢性的な炎症反応が原因です。

✚ おもな症状 ✚

● 咳　● 痰　● 息切れ　● 息苦しさ　● 倦怠感

介助のポイント

● タバコは症状を悪化させるので、禁煙が重要です。

● 風邪で一気に症状が悪化するので注意が必要です。

● 室内の換気をして、空気中の二酸化炭素やチリ、ほこり、ダニなどを減らすようにしましょう。

● 室内の湿度を維持すると息苦しさが軽減できます。

● 息切れがして活動性が低下してしまうため、意識して毎日の生活に運動を取り入れることが大切です。その際、息切れがひどくならないように、歩行などの軽い運動を時間をかけて行うことが大切です。

● 感染症に対する抵抗力が低下しているため、うがいや手洗いなどの予防対策を徹底することが重要です。

● ふだんから呼吸の様子をよく観察し、口すぼめ呼吸（P.231）などの異常呼吸が出ていないか確認しましょう。

2-35 消化器のはたらき

消化器は、口から肛門まで続く長い管状の器官です。①食物を摂取する、②摂取した食物を栄養素に分解する、③栄養素を血液中に吸収する、④消化できない部分を体から排出する、というはたらきをしています。

消化管のはたらき

消化管は、口、喉、食道、胃、小腸、大腸、直腸、肛門で構成されています。消化器系には、膵臓、肝臓、胆のうが含まれます。食道から胃に入ると胃液でたんぱく質などが分解され、十二指腸、小腸に入ると腸液で脂肪などが分解されます。分解された食べ物の分子は、小腸や大腸で吸収され、門脈を通り肝臓で体の栄養に組み直されます。

▼消化器のしくみ

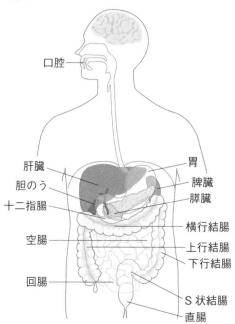

口腔

肝臓
胆のう
十二指腸
空腸
回腸

胃
脾臓
膵臓
横行結腸
上行結腸
下行結腸
S状結腸
直腸

2

知っておきたい疾患と介護法

149

2-36 胃炎

胃炎とは、胃の内部の粘膜などが炎症を起こす胃の病気です。

🧰 どんな病気? 🧰

胃炎は、急性胃炎と慢性胃炎の2つに大別されます。

急性胃炎

✚ おもな症状 ✚

- 上腹部の痛みや不快感 ● 胃もたれ ● 胸やけ ● 吐き気・嘔吐 ● げっぷ

慢性胃炎

✚ おもな症状 ✚

- 上腹部不快感 ● 胃部膨満感 ● 食欲不振 ● 吐き気

➕ 検査・診断 ➕

内視鏡検査で胃粘膜の萎縮を認めれば容易に診断がつきます。

介助のポイント

- 暴飲暴食に気をつけ、腹八分目でやめるようにすることやストレスをためない日常生活を送ることが大切です。
- 消化の悪い動物性脂肪はなるべく避けるようにすることが大切です。

2-37 胃・十二指腸潰瘍

胃や十二指腸の粘膜が傷つけられ潰瘍となり、粘膜や組織の一部がなくなる病気です。

🧰 どんな病気？ 🧰

ピロリ菌や薬剤、胃酸などによって胃の粘膜が傷つけられることで起こります。

✚ おもな症状 ✚

- 上腹部痛（十二指腸潰瘍では空腹時痛） ● 吐血 ● 下血（黒いタール便）
- 胸やけ ● 吐き気 ● 嘔吐

✚ 検査・診断 ✚

バリウムによる X 線造影検査と内視鏡検査で容易に診断がつきます。胃潰瘍はヘリコバクター・ピロリ菌の除去が重視されます。

👉 介助のポイント

- 胃に負担をかけない食事を規則正しくとりましょう。

- ナッツ類などの硬い食べ物や、ゴボウなどの食物繊維の多いもの、タコやイカなどの消化の悪い食べ物を避けることが大切です。

- 唐辛子などの刺激物や、熱すぎたり冷たすぎたりする食事を控えることが大切です。

- コーヒーやアルコール、炭酸飲料などをとりすぎないように注意することが大切です。

消化器の疾患③

2-38 逆流性食道炎

胃の内容物が逆流すると、食道の粘膜は胃酸に対し弱いため食道に炎症を起こすようになります。

🧰 どんな病気？ 🧰

逆流性食道炎は、胃酸や十二指腸液が食道に逆流して食道の粘膜を刺激し、炎症を引き起こす病気です。

✛ おもな症状 ✛

● 胸やけ　● げっぷ　● 胃もたれ　● 声がれ　● 咳　● 胸痛

 介助のポイント

● 脂肪分やたんぱく質の多い食事やチョコレートやケーキなどの甘いもの、みかんやレモンなどの酸味の強い果物などはとりすぎないよう注意しましょう。

● 一度にとる食事の量を減らして腹八分目を心がけてください。

● 食後だけでなく夜間に胃液が逆流することもあります。その場合は、上半身を 30 度ほど起こして臥床します。

● 胃酸の分泌を増やすアルコールやコーヒー、刺激のある唐辛子などはなるべく控えることが大切です。

● 日中は前かがみの姿勢を避け、お腹をしめつけないようにします。

● タバコは症状を悪化させるため、禁煙が大切です。

2-39 腸閉塞（イレウス）

食べ物や消化液の流れが小腸や大腸で滞り、腹痛や嘔吐症状が現れる病気です。

🏥 どんな病気？ 🏥

腸閉塞（イレウス）は、機械的腸閉塞と機能的腸閉塞に分類され、腸の外側に原因がある場合と、内側に原因がある場合があります。

➕ おもな症状 ➕

- 突然の激しい腹痛・吐き気・嘔吐 ● 膨満感 ● 排便困難 ● 顔面蒼白
- 冷や汗

➕ 検査・診断 ➕

腸閉塞を疑った場合に、X線検査、CT検査を行い、閉塞部と拡張した腸管を確認して、診断されます。手術が必要な場合もあります。

介助のポイント

- 食事内容を柔らかく、消化のよいものにするなどの工夫が必要です。
- 食事はよく噛み、ゆっくり時間をかけて食べるように心がけ、食べすぎないようにします。
- ふだんから規則正しい生活を送るように心がけ、便通を整えることが大切です。
- 脂っこい料理やアルコールのとりすぎは、便秘の原因になるので気をつけましょう。

2-40 胆石・胆のう炎

胆管に結石が詰まることで起きる病気です。

🏥 どんな病気？ 🏥

　胆石があっても、まったく無症状の場合もあります。胆石の痛みが鈍痛である場合や、発熱を伴う場合は、胆のう炎を発症している可能性があります。胆のう炎には急性胆のう炎と慢性胆のう炎の2種類があります。

✚ おもな症状 ✚

- ● 右上腹部または右側腹部痛　● みぞおちの痛み　● 背部痛　● 腰痛　● 発熱
- ● 嘔吐　● 黄疸　● 食欲不振

介助のポイント

- ● うなぎや天ぷら、ステーキなどの高脂肪食を避け、カロリーを控えめにしたバランスのよい食事をとることが大切です。

- ● 体をひねるような運動は避けたほうがよいのですが、適度な運動をすることが大切です。

- ● 精神的緊張や不安などが症状出現の誘因となる場合もあるので、なるべくストレスをためないようにすることが大切です。

消化器の疾患⑥

2-41 肝障害（肝炎・肝硬変）

肝炎は肝臓の炎症で、肝硬変は肝臓がはたらかなくなる病気です。

🏥 どんな病気？ 🏥

　肝炎は肝臓に炎症が起き、さわると痛みます。肝硬変は肝炎などが原因で肝臓の細胞が破壊され続け、線維化して硬くなり、肝臓内部の血液循環に異常が生じ、肝臓がはたらかなくなります。

肝炎

✚ おもな症状 ✚

● 黄疸 ● 発熱 ● 関節痛 ● 頭痛 ● 右脇腹痛 ● 食欲不振 ● 全身倦怠感

肝硬変

✚ おもな症状 ✚

● クモ状血管腫（胸や肩、二の腕などにクモが足を伸ばしたような形の斑紋が現れる）
● 黄疸 ● 出血傾向 ● 手掌紅斑（指や指の付け根などが赤くなる）
● 腹部静脈の怒張（おへその周辺の静脈が拡張し、お腹の表面に浮き上がる）

介助のポイント

● 肝炎の場合は安静が第一です。良質なたんぱく質を多くとり、穀類、麺類、野菜・果物、肉・乳製品、脂肪の順に、バランスのよい食生活を心がけます。
● 肝硬変で腹水がある場合は塩分を制限し、アルコールや暴飲暴食を控えます。

2

知っておきたい疾患と介護法

155

2-42 痔

肛門部周辺の静脈が圧迫されて、血液の流れが滞ることによって発症する疾患の総称です。

🧰 どんな病気？ 🧰

痔にはいぼ痔（内痔核、外痔核）、切れ痔（裂肛）、痔ろうなどの種類があります。

✚ おもな症状 ✚

- 排便時の出血 ● 疼痛 ● 肛門痛 ● 膿が出る ● 便秘

介助のポイント

- イスに同じ体勢で座り続けるのを避け、座布団を使用するなどの工夫が必要です。

- 寒さは血流を悪くするため、寒い時には部屋を暖かくしたり、入浴して腰やお尻を温めたりします。

- 下痢や便秘は症状を悪化させるので、規則正しい排便習慣を身につけます。また、排便する時に力みすぎないように注意します。

- アルコール類、キムチや唐辛子などの刺激物は多くとりすぎると悪化する場合があるので、控えます。

- 毎日お風呂に入り、患部を清潔に保つことが大切です。

- ストレスは胃腸のはたらきを悪くして、下痢や便秘の原因になります。ストレスをためない工夫が大切です。

2-43 内分泌のはたらき

代謝、成長、生殖などを円滑に進めるための特殊な化学物質であるホルモンを生成する腺や細胞を総称して内分泌系といいます。ホルモンは内分泌腺でつくられ、直接、血管やリンパ管に分泌されています。

内分泌腺とホルモン

ホルモンは、ごく微量で非常に強い効果があり、体のエネルギー消費や貯蔵方法にも影響を及ぼし、血液中の塩分や糖分の濃度をコントロールしています。内分泌腺の部位は以下の通りです。

▼主な内分泌腺の分布

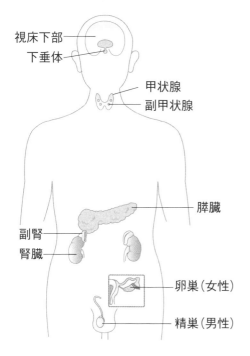

- 視床下部
- 下垂体
- 甲状腺
- 副甲状腺
- 膵臓
- 副腎
- 腎臓
- 卵巣(女性)
- 精巣(男性)

糖尿病（DM）

糖尿病は、血液の中に含まれる糖の濃度が高い状態が長く続く病気です。

🏥 どんな病気？ 🏥

　糖尿病は徐々に進行し、全身にさまざまな合併症を引き起こしますが、糖尿病の本当の怖さは、この合併症にあります。治療を中断するとすぐに血糖値は高くなってしまいます。治療は生涯にわたって続くので、病気を上手にコントロールすることが大切です。

▼糖尿病の分類

型	特徴
Ⅰ型	インスリン欠乏型
Ⅱ型	生活習慣病型（DM の 90％以上がこのタイプ）
妊娠糖尿病	妊娠時に起こる
境界型	明らかに正常とも異常ともいえない状態。放っておくとⅡ型の DM に移行する可能性が大

✚ おもな症状 ✚

- 口渇　● 頻尿　● 多飲多尿　● 甘酸っぱい尿臭　● 食欲増進　● 体重減少
- 倦怠感　● 傷が治りにくい

三大合併症

- 糖尿病性網膜症（動脈硬化による眼球内の出血→中途失明の大きな原因）
- 糖尿病性腎症（腎機能の低下。人工透析が必要になることも多い）
- 糖尿病性末梢神経障害（しびれ、痛み、感覚鈍麻、発汗異常など）

✚ 診断・治療 ✚

　血糖値と、ヘモグロビンA1c（HbA1c）という過去1〜2か月の血糖値の状態のわかる値を基に診断されます。「糖尿病」と診断されるのは下記のパターンとなります。

- 空腹時血糖値、ブドウ糖負荷試験（OGTT）2時間値、随時血糖値のいずれかが基準値以上（空腹時血糖値≧126mg/dL、ブドウ糖負荷試験（OGTT）2時間値≧200mg/dL、随時血糖値≧200mg/dL）かつHbA1cが6.5%以上の場合
- 血糖値のみが基準値以上だが、糖尿病の典型的症状か確実な糖尿病網膜症のいずれかが認められる場合
- 血糖値のみが基準値以上で、再検査の結果、やはり血糖値が基準値以上だった場合
- HbA1cのみが基準値以上で再検査の結果、血糖値が基準値以上だった場合

　食事療法、運動療法が治療の基本ですが、血糖値が下がらない場合には薬物療法を併用します。

介助のポイント

- 低血糖に気をつけます。低血糖に陥ると、動悸、脱力感、冷や汗などの症状がみられ昏睡に陥る可能性もあります。低血糖時には糖分を含んだ甘いコーヒー、ジュース（ブドウ糖入りだとなおよい）を摂取します。激しい運動をした時、解熱剤、鎮痛薬を使用した時、アルコールを飲んだ時にも低血糖への注意が必要です。
- 高血糖か低血糖か迷うときは、まず低血糖対応（甘いジュースを飲む）を優先させます。
- 過度な精神的な緊張も低血糖になりやすいので注意が必要です。例えば、初めてデイサービスを使う、施設で他者にとても気をつかうなどの状況です。

- 3食を規則正しく食べ（朝食は絶対に抜かない、決まった時間に食べる）、間食や夜食を避け食べすぎないこと、栄養のバランスをとることを心がけます。野菜、たんぱく質・ビタミン類・ミネラル類は特に不足させないようにしましょう。

- 運動は、ウォーキング、サイクリング、水中運動など、軽く汗ばむ程度のものが適しています。

- ストレスを適度に発散させましょう。食事に制限がある生活はストレスがたまります。趣味などで過ごす時間をつくり、食べることでストレスを発散しなくてよいようにしましょう。食べる時は、食べられる「安心感」、おいしかったと感じる「満足感」を工夫しましょう。

- 動脈硬化による血流の低下、神経障害のために、傷が治りにくく、化膿しやすいので、全身の清潔を保って、感染症を防ぐようにします。爪切り、靴ずれ、低温やけどなど要注意です。入浴時には全身を観察しましょう。

- 糖尿病は生涯にわたる病気です。周囲の理解と協力は欠かせません。薬の正しい知識を共有し、励まし、適度にストレスを発散して自己管理できるよう努めましょう。

- 薬は医師の指示に従って服用し、定期的に通院と検査を受けるようにします。薬はきちんと服薬し、自己判断は禁物です。

Column　低血糖症状は「ひどい手と腹」と覚えましょう！

ひ→冷や汗　さーっと血の気がひく感じ
ど→動悸　胸がどきどきする感じ
い→いらいら感　集中力低下、落ち着かない感じ、徘徊、暴言、暴力、不安感、焦燥感
手→手の震える感じ
腹→強い空腹感、胃のあたりのもやもやした不快感

内分泌・代謝の疾患②

2-45 高尿酸血症（痛風）

高尿酸血症は偏った生活習慣が引き起こす病気で、「痛風」と呼ばれます。

🏥 どんな病気？ 🏥

痛風の発作は突然の激痛が特徴で、多くは足の親指の付け根に起きます。

✚ おもな症状 ✚

- 突然の激痛
- おもに夜中から明け方に起こることが多い

介助のポイント

- 激しい運動で筋肉を使うと、血液中の尿酸濃度が上がるため、激しい運動は控えます。

- 大量の発汗も、尿の排出を抑え、尿酸の値を上げることになります。ウォーキングなどの軽めの有酸素運動を行うようにしましょう。

- 暴飲・暴食を避け、規則正しい生活を心がけます。

Column
プリン体の多い食品、少ない食品

プリン体を多く含む食品のとりすぎに気をつけましょう。

●プリン体を多く含む食品

ビール、レバー、納豆、干し椎茸、カツオ、イワシ、エビ、カニなど

●プリン体の少ない食品

コンビーフ、かまぼこ、豆腐、チーズ、鶏卵、米飯、ひじき、キャベツ、果物など

2

知っておきたい疾患と介護法

内分泌・代謝の疾患③

2-46 脂質異常症

血液中のコレステロールや中性脂肪が増加した状態をいいます。

🏥 どんな病気? 🏥

　脂質異常症は自覚症状が乏しいため、早期発見が困難です。放置すると、重篤な合併症を引き起こします。

おもな合併症

脳梗塞、脳出血、狭心症、心筋梗塞、腎不全、閉塞性動脈硬化症など

▼脂質異常症の診断基準（空腹時採血）

高 LDL コレステロール血症	LDL コレステロール（悪玉）が 140mg/dL 以上
低 HDL コレステロール血症	HDL コレステロール（善玉）が 40mg/dL 未満
高トリグリセライド血症	トリグリセライド（中性脂肪）が 150mg/dL 以上

一般社団法人日本動脈硬化学会『動脈硬化性疾患予防ガイドライン 2022 年版』より抜粋

 介助のポイント

- ミネラル・ビタミン、食物繊維を積極的にとり、ご飯やパンなどの炭水化物だけを食べないようにしましょう。

- 肥満の解消に努め、適正体重を維持しましょう。

- 血管が収縮し血圧が上がり、血液が凝固しやすくなるので喫煙は控えます。

²⁻47 甲状腺機能低下症

甲状腺ホルモンが足りないために起こる疾患です。ほとんどの場合、原因は自己免疫疾患です。

🩺 どんな病気？ 🩺

病状の進行がゆるやかなので、老化と勘違いされることもあります。

▼おもな症状とかかるべき診療科

症状	診療科
全身倦怠、無気力、貧血（この症状だけなら）	内科
筋肉痛、筋力低下、けいれん、嗄声	脳神経内科
無気力、うつ状態	精神科
筋肉痛、関節痛	整形外科
難聴、耳鳴り、めまい、嗄声	耳鼻科
皮膚乾燥、脱毛	皮膚科
脈拍が遅い、心不全、息切れ、胸痛、むくみ、心肥大	循環器科
食欲低下、便秘、肝臓障害	消化器科
月経過多、無月経	婦人科

介助のポイント

● 海苔や海産物を多食したり、極端に制限したりすると、かえって病状を悪くすることがありますから気をつけてください。

● ほとんどの場合、生涯甲状腺ホルモンを補充しなければなりません。処方された薬は副作用が出ない限り、根気よく続けてください。

● 規則正しい生活をして、適度な運動と適度な休養をとるようにしましょう。

2-48 甲状腺機能亢進症

甲状腺ホルモンが過剰に出ることにより、全身の細胞の新陳代謝が異常に高まる病気です。

🩺 どんな病気？ 🩺

　ほとんどの甲状腺機能亢進症は、自己免疫疾患です。女性に多く発症し、その中でもよく起きる年齢は 20 〜 40 歳代です。ほとんどの場合、甲状腺が腫れて大きくなります。若年では、動悸・甲状腺腫脹・眼球突出の 3 徴候が出ますが、高齢者は、体重減少のみが目立ち、他の症状があまり出ないので、診断が困難です。

▼**おもな症状とかかるべき診療科**

症状	診療科
食欲亢進、眼球突出、眼光が鋭くなる	内科
手指の振戦	神経科
イライラして落ち着きがない、不眠	精神科
骨粗鬆症	整形外科
多汗、皮膚湿潤	皮膚科
動悸、心拍数の増加、頻脈、心不全	循環器科
軟便、下痢、体重減少	消化器科
月経過少、月経過多、無月経	婦人科

介助のポイント

● 喫煙があると再発率が高くなり、眼の症状によくないので禁煙します。

● 規則正しい生活をして、適度な運動と適度な休養をとることが大事です。

2-49 腎臓と泌尿器の はたらき

腎臓は、肝臓の下の背中側に位置する左右1対の臓器です。体内を巡ってきた血液をろ過して尿をつくり、血液をきれいな状態に保っています。つくられた尿は尿管を通って膀胱にためられ、尿道から排泄されます。

腎臓のはたらき

腎臓は、1日160〜180Lの血液をろ過して10Lほどの原尿をつくり、水分再吸収を行った後、1.5Lを尿として排泄しています。体内の老廃物や毒素を排泄し、血液の成分を調節して、体液の質と量を保っているだけでなく、ホルモンを分泌して赤血球の産生をコントロールしています。

▼泌尿器のしくみ

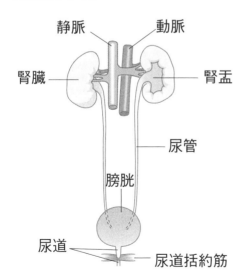

静脈　　動脈

腎臓　　腎盂

尿管

膀胱

尿道　　尿道括約筋

2

知っておきたい疾患と介護法

排尿のしくみ

腎臓から尿が送られてくると、膀胱壁が押されて伸びます。

膀胱壁の押される圧力が 10 ㎝ H_2O を超えると、神経から脊髄に信号が伝わります。さらに脊髄から脳へ信号が伝わり「尿意」を感じます。

人の膀胱は 500 〜 600mL ぐらいの容量がありますが、通常 300mL ぐらいで尿意を感じます。尿を我慢するのをやめて軽く力むと、副交感神経がはたらき膀胱が収縮を始めます。同時に、尿道括約筋と膀胱の出口を緊張させていた交換神経がはたらき、排尿しやすくします。

膀胱や括約部の周りにある末梢神経系や脊髄などの中枢神経系が障害されると、失禁、頻尿、排尿困難などの排尿障害（神経因性膀胱）が起こってきます。

▼排尿のしくみ

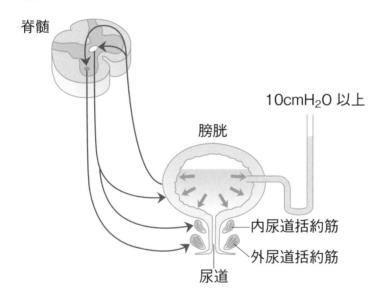

膀胱炎（尿路感染症）

おもに大腸からの細菌が膀胱内に侵入し炎症を起こす疾患です。

🏥 どんな病気？ 🏥

　女性の尿道は男性に比べて短く、また、膣や肛門、尿道が近くにあるため、女性に多く発症します。

✚ おもな症状 ✚

- 尿意頻回（排尿後すぐ再び尿意を感じる）　● 残尿感
- 排尿終末時のしみるような痛み、焼けるような痛み　● 尿の白濁、血尿

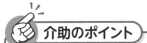

介助のポイント

- 体に無理をさせないことです。ストレスや、過労、無理なダイエットで体力が落ちていると、抵抗力が低下して細菌感染しやすくなります。

- 下半身を保温し、飲酒も控えめにします。

- 尿意を我慢させないようにします。不必要な留置カテーテルやオムツは外しましょう。

- 排便などで陰部が汚れた時にはぬるま湯でよく洗い、清潔にしておきましょう。陰部を拭く時は、必ず前から後ろへ拭き、肛門の汚れを広げないようにしましょう。

- 膀胱炎かな？　と思ったら水分を多くとりたくさん尿を出しましょう（膀胱を洗う感じで）。すぐに抗生剤を服用すると、再発を繰り返しやすくなります。

腎・泌尿器の疾患②

2-51 腎盂腎炎（尿路感染症）

大腸菌などの細菌が尿道口から侵入し、膀胱から腎盂にまでさかのぼって炎症を引き起こしたり、扁桃炎に引き続いて引き起こされる腎臓の細菌感染症です。

🧰 どんな病気？ 🧰

急性の腎盂腎炎はおもに抗生剤の使用で1～2週間程度で改善しますが、放置すると敗血症に移行したり、腎不全に陥る危険性もあります。慢性腎盂腎炎は、急性の腎炎が慢性化する場合と、初めからほとんど症状が出ることなく慢性化するものがあり、腎不全状態になって初めて気づくことがあります。

✚ おもな症状 ✚

- 高熱、悪寒、震え ● 腰背部痛 ● 排尿時痛 ● 尿の白濁、血液混入
- 薄い多量の尿（濃縮力の低下） ● 吐き気や嘔吐 ● 尿意頻回 ● 倦怠感

介助のポイント

- 安静を守り、尿検査で細菌が完全に検出されなくなるまで服薬を続けます。
- いったん治っても、過労が続くと再発するおそれがあるので、過労を避けることが大事です。
- こまめに水やお茶を飲んで水分を十分にとり、尿意を感じたら、我慢しないで排尿することが大切です。

腎・泌尿器の疾患③

2-52 急性腎不全

腎臓機能に障害が発生し、腎機能が30%以下に低下した状態を腎不全といいます。

どんな病気？

腎不全は、急性腎不全と慢性腎不全に大別できます。急性腎不全は、腎血流量の減少で急激に腎機能が低下した状態で、原因としては、手術後、出血、ショック、心不全、やけど、脱水、アルコールの多飲、尿路閉塞などがあります。

✚ おもな症状 ✚

- 頭痛 ● 吐き気 ● 意識混濁、けいれん ● 血圧上昇 ● むくみ
- 無尿・乏尿（400mL／日以下）。減少しないこともある

治療

原因となっている症状を改善し、早急に透析療法で血液中の老廃物や毒素を取り除きます。高齢者は、もともと腎機能が低下していること、発見が遅れがちであることなどから予後は総じてよくありません。

介助のポイント

- むくみなどの症状がない場合は食事療法の必要はありません。
- 高血圧や動脈硬化などがあれば、塩分をコントロールします。

2

知っておきたい疾患と介護法

169

2-53 慢性腎不全

最も多い原因は糖尿病です。他に、高血圧、慢性糸球体腎炎、慢性腎盂腎炎、尿路閉塞、自己免疫疾患などがあります。

🧰 どんな病気？ 🧰

慢性腎不全の症状は非可逆性、進行性で、人工透析が必要になることもあります。腎機能はかなり低下しないと自覚症状はありません。朝一番の尿が泡立つ、赤っぽい、指輪や靴がきつくなるなどの症状が出たら、早めに受診しましょう。

✛ おもな症状 ✛

- 呼吸困難、息切れ
- 全身のかゆみ
- 貧血
- 疲労感、脱力感、注意力の低下
- 高血圧
- 食欲減退、消化管潰瘍
- むくみ
- 筋肉のひきつり、筋力低下

◆腎機能の低下と症状

50%以上：日常生活に支障なし

25 〜 30%以下：腎不全の症状が出現

20%以下：尿毒症

介助のポイント

- カリウムがうまく排泄できないため、生の果物や乾物といったカリウムの多い食べ物をとりすぎないように注意します。
- 全身のかゆみも強いので、清潔保持に努めます。

腎・泌尿器の疾患⑤

2-54 尿路結石

結石とは、体の中で化学物質が固まって形成される石のことです。

🏥 どんな病気？ 🏥

結石の多くは腎臓で形成されますが、できる場所によって、腎臓結石、尿管結石、膀胱結石、尿道結石と呼ばれます。再発することが多い疾患です。

✚ おもな症状 ✚

- 突然始まる脇腹の鋭い痛み（腎臓の疝痛） ● 血尿 ● 悪心、嘔吐

✚ 治 療 ✚

5mm 程度の結石なら自然排石を待ちます。水分を多く摂取して尿量を増やし、ジャンプや縄跳びのような運動をします。大きな結石は結石破砕術を行います。

🔍 介助のポイント

- 1 日 1.5 〜 2L の水分を摂取するようにします。
- アルコールは石の原因となるプリン体が多く含まれているので逆効果です。
- 過度の動物性たんぱく質は尿中のカルシウム排泄量を増やし結石ができやすくなるので注意します。
- 食事を十分な水分とともにきちんととり、夕食後就寝まで 4 〜 5 時間の間隔を空けるようにします。
- 夜食は控え、寝る前に 1 杯のお茶か水を飲むことも予防になります。

2

知っておきたい疾患と介護法

171

2-55 前立腺肥大症

前立腺が肥大して膀胱頸部が圧迫され、尿路通過障害を引き起こす疾患です。

🩺 どんな病気? 🩺

前立腺肥大症になると尿の勢いが悪くなり、排尿に時間がかかったり、夜間に何度もトイレに行くようになります。最悪の場合には尿がまったく出なくなることもあります。

原因は加齢、食生活、下半身の血行不良などで、60歳代以上の男性の誰にでも起こる可能性がある疾患です。

✚ おもな症状 ✚

- 頻尿（特に夜間） ● 残尿感 ● 排尿時間の延長
- 排尿力の減退、尿線が細くなる ● 血尿 ● 足のむくみ

介助のポイント

- 膀胱に強い負担を与えると尿閉の危険があるので、尿意が起きたらトイレに行くようにし、排尿を我慢しないように気をつけましょう。

- 下半身の血行をよくするために、お風呂などで下半身を温めるようにします。

- 寝る前のお茶は控えましょう。お茶にはカフェインが含まれており、夜の頻尿の原因になる可能性があります。

2-56 尿閉

尿が膀胱に充満し、尿意があるのに排尿できない状態のことを尿閉といいます。放置すると腎不全に陥ることがあります。

🏥 どんな病気？ 🏥

急性尿閉の場合は非常な苦痛を伴い、速やかな導尿が必要です。慢性尿閉は尿意を感じなくなって尿が少しずつ漏れる状態です。

原因には次のことが考えられます。

- 前立腺疾患（前立腺がん、前立腺肥大症、前立腺炎など）
- 尿道狭窄、尿道結石、神経因性膀胱
- 薬の副作用（胃腸薬、向精神薬、抗うつ薬、抗不整脈薬、解熱・鎮痛薬など）
- 術後、疼痛や緊張、寝たまま排尿することに慣れていないため腹圧がかけられない

✚ おもな症状 ✚

- 下腹部の膨満感（充満した膀胱のため）　● 頻脈　● 血圧上昇　● 発熱、腰痛
- 尿漏れ（慢性の場合）

介助のポイント

- 尿意があるのに排尿できないことによる苦痛、不安は相当なものと理解しましょう。
- 安易にオムツにせず、できるだけトイレでリラックスした状態で排尿できるように援助します。その際、プライバシーと安心に配慮した環境を整備します。

2

知っておきたい疾患と介護法

2-57 がん（悪性腫瘍）

　わが国の死因の第1位の疾病です。現在は、2人に1人ががんにかかるといわれるくらいポピュラーな病気で、正常な遺伝子細胞が傷つくことで発生します。人間の体の臓器のどこにでもできるといわれています。生活習慣の見直しによって予防できるといわれていますが、完全に予防することはできません。ここでは、高齢者によくみられるがんについて説明します。

がんの発生と進行のしくみ

　発生した細胞の種類によって、以下の表のように、「がん腫」「肉腫」「血液がん」に分けられます。

▼がんの分類

分類		発生する細胞	がんの例	特徴
固形がん	がん	体の表面や臓器の粘膜などを覆っている細胞（上皮細胞）	大腸がん、肺がん、胃がん、乳がん、前立腺がん、膵臓がん、肝細胞がんなど	・周囲にしみ込むように広がる（浸潤） ・体のあちこちに飛び火して新しいがんのかたまりを作る（転移） ・かたまりで増える
	肉腫	骨や筋肉などを作る細胞	骨肉腫、軟骨肉腫、脂肪肉腫、未分化多形肉腫、粘液線維肉腫、平滑筋肉腫など	
造血器腫瘍（血液のがん）		白血球やリンパ球などの、血管や骨髄、リンパ節の中にある細胞	白血病、悪性リンパ腫、多発性骨髄腫など	・かたまりを作らずに増える ・悪性リンパ腫ではかたまりができ、リンパ節などが腫れることがある

出典：https://ganjoho.jp/public/knowledge/basic/index.html

がん（悪性腫瘍）①

2-58 肺がん

日本人の死因のトップはがんで、1年間に35万人以上が亡くなっています。肺がんの死亡者は第1位となっており、特に70歳以上で死亡率の上昇は顕著です。

🩺 **どんな病気？** 🩺

喫煙が最も高い肺がんの危険因子であることは以前から指摘されていますが、各器官からの転移性のものもあり、禁煙ですべての肺がんを防げるわけではありません。また、本人が吸わなくても受動喫煙によってリスクが高くなります。

➕ **おもな症状** ➕

- 初期には症状のないことが多い ● 咳 ● 血痰 ● 発熱 ● 胸痛

介助のポイント

- 禁煙が第一です。しかし、何十年も喫煙している人にとってタバコは楽しみの1つです。本人の状態にもよりますが、本人と話し合って納得のいく方法をとることが大事です。

- 規則正しい生活、栄養バランスのとれた食事、適度な運動などを心がけましょう。

- 定期的な健康診断を受けましょう。痰が続く時は、喀痰検査を受けるなどして、早期発見に努めることが大事です。

2

知っておきたい疾患と介護法

2-59 大腸がん

近年、肺がんとともに増加しているがんです。痔出血と勘違いして発見が遅れることがあるので、注意が必要です。

🧰 どんな病気？ 🧰

盲腸からS状結腸にかけてできるがん（結腸がん）、直腸から肛門にできるがん（直腸がん）に分かれます。

✚ おもな症状 ✚

- 初期には症状のないことが多い ● 便秘と下痢を繰り返す
- 便が細くなる● 下血 ● 貧血 ● 倦怠感 ● 腹部膨満感
- 血便（肛門に近い大腸がんほど鮮血に近い状態）

➕ 検査・治療 ➕

便の潜血検査、大腸ファイバー検査を行い、手術で切除します。場合によっては人工肛門（ストーマ）の造設を行います。

介助のポイント

- 大腸がん手術を受けた場合、特別な食事制限はありませんが、脂質の多いものは避け消化のよい食事にして、食べすぎないようにしましょう。
- 人工肛門造設の場合は、便秘の予防、腹部の皮膚の状態をよく観察しておくことが重要です。

2-60 胃がん

胃がんは日本人に最も多いがんで、かつてはその死亡者数もトップでしたが、近年の診断や治療の進歩で死亡者数は減少傾向にあります。

🏥 どんな病気？ 🏥

胃がんは早期発見で完治するものもあります。高齢者は症状が出にくい傾向があります。

➕ おもな症状 ➕

- 初期にはほとんど症状がない ● 上腹部の不快感 ● 食欲不振 ● 嘔吐
- 体重減少 ● 貧血 ● 黒色便

➕ 検査・治療 ➕

検査は胃カメラ（内視鏡）で行います。ヘリコバクター・ピロリ菌も危険因子です。見つかった場合は除菌します。胃がんは放射線や抗がん剤はそれほど有効ではないため、手術による切除が中心で、放射線や抗がん剤は手術の補助手段として使われています。

介助のポイント

- 飲酒や喫煙はできるだけ控え、バランスのとれた食事をとるようにしましょう。

- 過労を避け、ストレスをためない生活を心がけましょう。

2

知っておきたい疾患と介護法

がん（悪性腫瘍）④

2-61 乳がん

女性では最も多いがんが乳がんです。

🏥 どんな病気？ 🏥

　乳腺にできる悪性腫瘍です。乳がんというと若い人がなると思われがちですが、最近の統計では65〜75歳が最も乳がんにかかる年代となっています。そして、年齢が高くなるほど亡くなる人も多くなっています。

✛ おもな症状 ✛

- 乳房のしこり　● 乳頭からの血液や滲出液の分泌　● 乳頭部の陥没
- わきの下のしこり

➕ 検査・治療 ➕

　最初に触診を行います。マンモグラフィ、超音波（エコー）検査を行い、乳がんの可能性がある場合には、MRI検査、CT検査などの画像を用いて調べます。乳がんの治療には、手術(外科治療)、放射線治療、薬物療法があります。

介助のポイント

- バランスのよい食生活、規則正しい生活、適度な運動を心がけましょう。
- 手術をした場合は、肩関節の運動障害や筋力低下、リンパ浮腫の予防のためにも、術後、早い時期から少しずつ腕の運動をしていきましょう。洋服を着る、顔を洗うなどの日常の動作もよいリハビリテーションになります。
- ストレッチ運動で肩こりやしびれなどの軽減・予防ができます。

精神疾患とは

　精神疾患とは、脳の機能的な障害や器質的な問題による疾患です。おもに感情や行動に大きな影響が現れ、眠れない、不安、気分の落ち込みから、幻覚や妄想といった症状も出てくるものもあります。

主な治療法

　精神疾患の治療法には、「薬物療法」「心理療法」「環境調整法」という3つがあります。

薬物療法

　薬を使って、脳内の神経伝達物質にはたらきかけます。薬による改善も期待できますが、薬物療法に頼るだけでは根本的な解決にはならないことも多く、以下の心理療法や環境調整法とうまく組み合わせることが重要です。

心理療法

　認知行動療法、対人関係療法などさまざまな心理療法が開発されています。治療には専門家の知識が必要になります。

環境調整法

　ストレスの原因となる生活習慣や生活環境にはたらきかける療法です。日常生活を整えることで、症状の緩和や治癒につなげます。職場や家庭などの人間関係も対象になります。

精神の疾患・病態①

2-63 うつ病

気分障害の一種で、慢性的に気分が憂うつになったり、何に対してもやる気が出ない状態が長期間続きます。

🧰 どんな病気？ 🧰

高齢者の場合、認知症と間違われたり、頭痛、肩こり、便秘、疲れやすいなどの身体症状しか訴えないため、見落とされることがあるので注意が必要です。

✚ おもな症状 ✚

- 無気力 ● 気分の落ち込み ● 不安感 ● 集中力低下 ● 記憶力低下
- 空虚感 ● 頭痛 ● 倦怠感 ● 不眠・過眠 ● 胃炎 ● 摂食障害
- 食欲不振 ● 体重減少

介助のポイント

- 何もできなくても、同じ時間に布団から離れ、同じ時間に布団に入るようにし、生活リズムを整えます。できるだけ、午前中の日光に当たるようにしましょう。

- 気の持ちようでは変えられません。「がんばれ」などの励ます言葉で追い詰められ、自殺の誘因となる可能性もあります。あせらずに回復を待つことが重要です。「気分転換」も負担になることがあります。

- 話をよく聞き、理解と共感を示すことが大切です。

統合失調症

妄想や幻覚などの多彩な症状を示す精神疾患の1つです。

🩺 どんな病気? 🩺

2002年までは精神分裂病と呼ばれていました。統合失調症は陽性症状と陰性症状の2つのグループに分けられます。

➕ おもな症状 ➕

【陽性症状】(急性期に強くみられる。薬物療法で改善)

● 妄想　● 幻聴・幻視　● 焦燥感　● 激しい興奮　● 攻撃的な行動

【陰性症状】(薬の効果が得られにくく、長期間続く)

● 自閉・無為　● 意欲低下　● 集中力低下　● 会話が少なくなる

介助のポイント

● 病気の知識を得て、本人の気質や行動特性を理解し、適切な対応がとれるようにすることが大切です。

● 妄想や幻聴などを否定や肯定をせず、本人の話に耳を傾けることが大切です。

● 生活のしづらさを理解し、身の回りのことを自分でできるようにサポートすることが大切です。

精神の疾患・病態③

2-65 せん妄（強い寝ぼけ）

意識混濁に加えて一時的に幻覚や錯覚が現れるような異常な精神状態のことで、一時的な「強い寝ぼけ」と考えてよいでしょう。

🧰 どんな病気？ 🧰

せん妄は終末期や重篤な病気、高齢、睡眠不足や、脱水状態、便秘をしている時などの症状がある場合に起こりやすくなります。

✚ おもな症状 ✚

- 意識混濁 ● 不眠 ● 幻覚・幻視 ● 妄想 ● 日常動作がうまくできない
- 情動障害（興奮、不安） ● 震え

 介助のポイント

- 急激な環境変化による精神的ストレスが原因となる場合が多いので、本人のそばに慣れ親しんだものを置くなど、リラックスできる環境づくりが大切です。

- 薬物が原因となる場合もあります。薬物の使用について必要最小限のものにとどめることが大切です。

- 夜は部屋を暗くして、日中は日光が入るようにします。また、部屋は騒音のないようにします。

- 脱水を予防するために、十分な水分を補給することが大切です。

精神の疾患・病態④

2-66 心気症

特に疾患がないにもかかわらず、自分が悪い病気にかかっていると思い込んでしまう精神疾患の一種です。

🧰 どんな病気？ 🧰

多くの場合は頭痛などの訴えで内科を受診し、異常なしと診断されても自覚症状がおさまらない場合に、精神科を受診することで診断されます。

✚ おもな症状 ✚

- 身体的な異変があると、しきりにさまざまな症状を訴える
- 医療機関に受診して異常がないといわれても納得しない
- がんやその他の重病を疑っている
- 不安感 ● 不眠症 ● 欲求不満 ● うつ症状

介助のポイント

- 病気ではないと否定をせずに、本人の不安を理解し、話を十分に聞くことが重要です。
- 病気だと思い込んでいるため行動を制限しがちになります。散歩に誘うなど、気分転換を図るようにすることが大切です。
- もとからの性格に過度のストレスが加わると発症しやすくなるため、なるべくストレスのない生活を送るように心がけることが大切です。

2

知っておきたい疾患と介護法

2-67 皮膚のはたらき

私たちの体の表面を覆い、外界から守っている皮膚についてみていきましょう。

皮膚のしくみ

皮膚は成人で 1.5 ～ 2 ㎡の面積があります。大きく分けて、表皮、真皮、皮下組織からなり、付属器官として皮膚腺（脂腺・汗腺）と角質器（毛・爪）があります。表皮は絶えず新陳代謝を繰り返し、平均28日で新しい角質層がつくり出されています。

皮膚のおもなはたらき

①外部からの浸水や乾燥、ウイルスや細菌の侵入、化学物質や外傷から内部器官を保護する
②外部からの感覚（痛覚・触覚・温覚・冷覚・圧覚）を受け取る
③発汗などにより、体内水分量と体温を調節する

▼皮膚の構造

手のひらや
足裏の皮膚

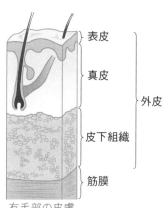

有毛部の皮膚
（立毛筋がある）

表皮
真皮
皮下組織
筋膜
外皮

加齢に伴う皮膚の変化

年を重ねると皺やシミができるように、皮膚は加齢に伴い変化していきます。

①表皮・真皮が薄くなるので血管が透けて見えるようになってきます。

②拡張や蛇行した毛細血管が表層に浮き出てきます。

③汗や皮脂の分泌が減少し、皮膚が乾燥しやすくなります。これがかゆみの原因になるので、洗浄力の強いボディシャンプーの使用や強くこすることで、皮脂をとりすぎないように注意しましょう。

④弾力性が低下します。これは、真皮のコラーゲンが減るためです。皮膚のたるみの原因になります。

⑤感覚器機能が低下するので、熱さや冷たさなど外部からの刺激への反応がにぶくなります。

▼加齢に伴う爪と髪の変化

爪	もろくなる
	ツヤがなくなる
	縦に筋が入る
	厚くなる
	巻き爪になりやすい
髪	白髪になる
	細くなる
	毛髪が減少する

Column　皮膚の温度

皮膚表面の温度は体の内部より低く、衣服で覆われている部分と露出している部分で異なります。手背・足背は特に低く、頭部や頸部では高めです。

2-68 褥瘡

体の局所へ長時間にわたって圧迫がかかることで、循環障害が起こり、皮膚が壊死した状態を褥瘡といいます。

🧰 どんな病気？ 🧰

褥瘡のできやすい部位は、表皮と骨の間の層が浅い部分で圧力がかかることで血液の循環の阻害されやすい部位です。褥瘡はできるかぎり予防することが望ましく、悪化しないよう早期発見して治すことが必要です。

褥瘡の発生要因

- 圧力 ● 摩擦・ズレ ● 栄養不足 ● やせ（骨の突出）● 湿潤 ● 不潔
- 浮腫 ● 非活動性、可動性の減少 ● 皮膚状態の悪化

▼褥瘡の進行

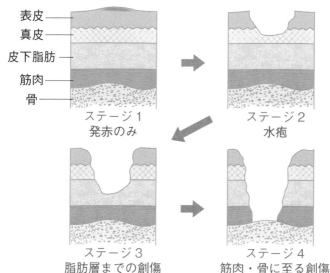

表皮
真皮
皮下脂肪
筋肉
骨

ステージ1
発赤のみ

ステージ2
水疱

ステージ3
脂肪層までの創傷

ステージ4
筋肉・骨に至る創傷

▼体位別、褥瘡のできやすい部位

仰臥位

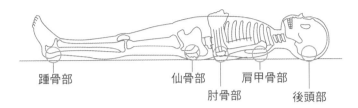

踵骨部　　　　　　　仙骨部　　　肩甲骨部
　　　　　　　　　　　肘骨部　　　　後頭部

側臥位

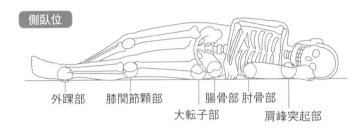

外踝部　　膝関節顆部　　腸骨部 肘骨部
　　　　　　　　　大転子部　　肩峰突起部

腹臥位

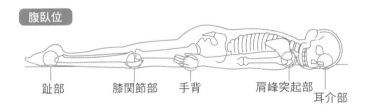

趾部　　　　膝関節部　　手背　　肩峰突起部
　　　　　　　　　　　　　　　　　　耳介部

座　位

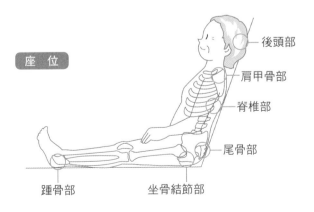

後頭部
肩甲骨部
脊椎部
尾骨部

踵骨部　　　　　坐骨結節部

＋　おもな症状　＋

- 初期には発赤や水疱
- 進行すると、ただれ（潰瘍性変化）となり骨にまで傷が及ぶ
- 表皮剥離や表層の潰瘍時には痛みがあるが、深くなると痛みを感じない

介助のポイント

- 局所への圧迫をできるだけ軽減するため定期的な体位変換を行い、圧迫を除去し、体圧を分散できるマットなどを使用します。

- 体位変換時に体を引きずらないようにします。

- 起座位に起こした時（30度以上）は、背抜き、足抜き（ギャッジアップ時、背中や足の皮膚が引っ張られないよう、背中や足をベッドから浮かせ、安楽な姿勢を保持すること）を必ず行い、ベッドの布団に密着している皮膚の圧力を抜きましょう。

- 前ページの図が褥瘡のできやすい部位です。脊柱起立筋（脊柱のすぐ横の筋肉）や大殿筋（お尻の筋肉）がベッドに触れるようにクッションなどでポジショニングをすると褥瘡予防に効果があります。

- 全身状態の改善のため、バランスのとれた食事をとるようにします。

- 体を清潔にして温めましょう。入浴や清拭などで、全身の血液循環をよくすることで褥瘡を予防しましょう。

- 皮膚は乾燥を防ぎ清潔に保ち、発赤などの小さな段階の変化も見逃さないよう観察しましょう。

- 皮膚が乾燥すると、衣類やシーツ類とのちょっとした摩擦でも炎症を起こします。保湿クリームなどを塗布して乾燥を防ぎましょう。

- 仙骨部の褥瘡など排泄で汚染された時は、微温湯でよく洗いましょう。尿や便で汚染されたままにしてはいけません。

- 車イス乗車時の姿勢は、ズリ座位にならないよう注意しましょう。

- 利用者の状態に合わせて、できるだけ離床を促します。生活にメリハリをつけることが褥瘡の予防につながります。

皮膚の疾患②

2-69 皮膚掻痒症

皮膚に特に目立った異常がないのに、かゆみの出る状態です。

🩺 どんな病気？ 🩺

　特に高齢者では、寒い時期に皮脂や水分の分泌が低下することで皮膚が乾燥し、全身のかゆみを訴えることがあります。また、糖尿病、慢性の腎疾患や肝疾患が原因となって出るかゆみもあります。

✚ おもな症状 ✚

- かゆみの程度や部位はさまざま。部位を特定できない場合も多い
- 日中よりも入浴後や夜間の就寝時に訴えることが多い

介助のポイント

- 入浴時は石けんで皮脂をとりすぎないように注意し、入浴剤（保湿剤）を入れるなど工夫しましょう。

- 入浴後は皮膚が乾燥しやすいので、保湿クリームを全身に塗るのもよいでしょう。

- 室内が乾燥しすぎないよう湿度管理を行い、水分を十分にとって体の中からも水分補給を行いましょう。

- 夜間よく眠れるように、就寝前はリラックスできるようにしたり、日中の活動で気分転換を促すなどの精神面でのケアも大切です。

2-70 感染症とは

「感染症」とは、病原となるウイルスや細菌が感染した結果、起こる病気の総称です。

感染と感染症

「感染」とは、病原となる細菌やウイルスなどが体内に侵入して増殖することをいい、感染しても発病するとは限りません。感染し、発症した病気を感染症といいます。

感染症の3要素

①感染源：保菌者（感染しているが発症していない人）の便、尿、痰などの分泌物や血液、動物、土壌など
②感染経路：病原体が広がっていく道筋
③宿主の状態：抵抗力や免疫力の低下した状態

▼主な感染症と感染経路

感染経路	感染の仕方	主な病原体
経口感染	口から消化管へ侵入すること　食べ物→人、人→食べ物→人	ノロウイルス、腸管出血性大腸菌
空気感染	咳、くしゃみなどで空気中に漂った病原体を含む飛沫核（5um. 以下）を吸い込むこと	結核菌、インフルエンザウイルス
飛沫感染	咳、くしゃみ、会話などで飛んだ病原体を含む粒子飛沫を吸い込むこと	インフルエンザウイルス
接触感染	病原体に直接接触する、または、間接的に病原体が付着した手指や衣類、物品などを介して	ノロウイルス、インフルエンザウイルス、MRSA、緑膿菌、疥癬虫
血液感染	血液を介して	B 型・C 型肝炎ウイルス、ヒト免疫不全ウイルス（HIV）

▼おもな症状と要注意のサイン

おもな症状	要注意のサイン
発熱	ぐったりしている、意識がはっきりしない、呼吸がおかしいなど、全身状態が悪い
	嘔吐や下痢などの症状が激しい
嘔吐	発熱、腹痛、下痢、便に血が混じることもある
	発熱し、体に赤い発疹が出ている
	発熱し、意識がはっきりしていない
下痢	便に血が混じっている
	尿が少ない、口が渇いている
咳、咽頭痛、鼻水	熱があり、痰のからんだ咳がひどい
発疹（皮膚の異常）	牡蠣殻状の皮膚の表面が魚のうろこのように薄くはがれ落ちたもの（鱗屑）が、圧迫や摩擦が起こりやすい所に多くみられる

2 知っておきたい疾患と介護法

Column　昔ながらの知恵で水分補給

　下痢や嘔吐が激しいと脱水の予防のために点滴をしますが、すぐに点滴に頼るのは考えものです。

　水と一緒に果糖を取ると、腸から吸収される時に拡散という作用で吸収されるため、エネルギーを必要とせず、体への負担がありません。果糖の入った飲料には、ジュース・サイダーなどがあります。コップに入れて炭酸を抜いてから飲んでもらうとよいでしょう。

　介護現場ではスポーツ飲料がよく使われますが、高齢者にはなじみがないのであまり飲みたがらないことがあります。熱いほうじ茶に梅干しを入れたり、温かいレモネードにするなど、昔ながらの知恵も大切にしましょう。

● 簡単な経口補水液の作り方
　水　500mL
　砂糖　20g
　塩　0.5〜2g
　レモン果汁　適量

2-71 感染症対策

感染症対策の3原則は、「かからない・持ち込まない・拡げない」です。
ここでは感染症対策の基本的な情報をまとめました。

介護現場の感染症対策

　介護の現場には、感染源となり得るもの（例えば、尿や便などの排泄物）
に絶えず接触していますので、内部環境の防止だけを考えるのではなく、外
部へ持ち出さない対策も同時に考えなくてはなりません。この原則に沿った
予防策を示したのが、以下の表です。

▼感染症の予防策の基本

感染症対策の原則	1. かからない
	2. 持ち込まない・持ち出さない
	3. 拡げない
感染症の予防策	1. 身体の抵抗力をつける 予防、健康管理、体力増強など
	2. 異常の早期発見 定期的健康診断、ふだんからの十分な観察、医療との連携など
	3. 感染源を取り除く 血液や排泄物などの汚染物の適切な処理、医療器具・介護用品・食器・衣類などの消毒など
	4. 感染経路を断つ 来訪者・面会者・新規入所者などへの対策 うがい マスク・手袋・予防衣などの着用 介護行為後の手洗いの徹底 手指消毒など

▼高齢者介護施設での感染対策

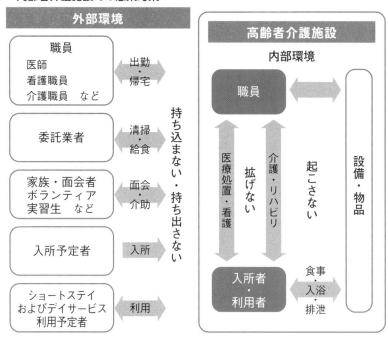

辻明良監修『きちんと感染管理』（全国社会福祉協議会）p7 に一部加筆

あなた自身の衛生度をチェック！

- [ ] 爪は伸びていませんか？
- [ ] 髪や体は清潔ですか？
- [ ] 手に傷はありませんか？
- [ ] 手荒れの防止をしていますか？
- [ ] 衣服(ユニフォーム)や靴は清潔ですか？
- [ ] タオルは共用していませんか？

手洗いの徹底

　感染予防には、生活環境の清掃、手洗い、うがいは、基本中の基本です。まずは、石けんと流水で行う手洗いから徹底しましょう。

▼**手洗いの基本**

手洗いは、流水で時間をかけて丁寧に洗うだけでも効果が期待できます。

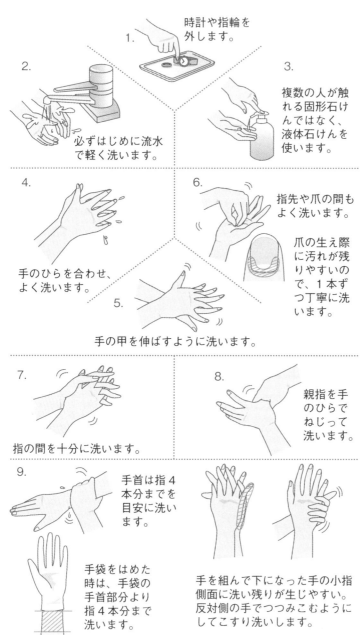

1. 時計や指輪を外します。

2. 必ずはじめに流水で軽く洗います。

3. 複数の人が触れる固形石けんではなく、液体石けんを使います。

4. 手のひらを合わせ、よく洗います。

5. 手の甲を伸ばすように洗います。

6. 指先や爪の間もよく洗います。

爪の生え際に汚れが残りやすいので、1本ずつ丁寧に洗います。

7. 指の間を十分に洗います。

8. 親指を手のひらでねじって洗います。

9. 手首は指4本分までを目安に洗います。

手袋をはめた時は、手袋の手首部分より指4本分まで洗います。

手を組んで下になった手の小指側面に洗い残りが生じやすい。反対側の手でつつみこむようにしてこすり洗いします。

10.

水道の栓は手首または肘で閉めます。

ペーパータオルを使用しても OK。

施設などでは、センサー式の水道が望ましいでしょう。

11.

使い捨てのペーパータオルを使用します。

洗った後は、手を完全に乾燥させます。

▼手洗いで洗い残しが発生しやすい箇所

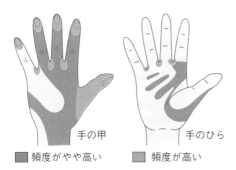

手の甲　　　　　手のひら

■ 頻度がやや高い　　■ 頻度が高い

手袋を使用する時

手袋は万全のものではありません。以下のことに注意して使います。

- 1 人の人に使った手袋をつけたまま、他の人のケアをしない。
- 手袋をしたままドアノブや電話器などに不用意に触れない。
- 手袋を外す時は、外側に触れないように、汚れた外側が内側になるようにひっくり返して外す。
- 手袋を外したら必ず手を洗う。

マスクの取り扱い

マスクは正しく装着しないと、効果は50%以下にまで落ちてしまいます。

▼マスクの使用法

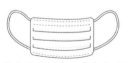

1. 針金の入っている方を上にしてゴムを耳にかけます。

2. 針金を鼻の両脇〜眼の下に沿わせて密着させ、マスクの上部から空気が漏れないようにします。

3. 顎の下までマスクのじゃばらを広げ、下からの空気の漏れを防ぎます。

4. マスクの表面を鼻から頬にかけて押さえ、左右からの空気の漏れを防ぎます。

5. マスク装着後は、マスクの表面には触れないようにします。

6. 外す時は耳にかけたゴムに指をかけて外し、マスクの表面には触れないようにします。

7. 汚れのないように見えても、外したマスクは取っておかずに捨てます。マスクの表面に触れた時は手を洗います。

うがいの方法

うがいは口やのどに吸い込んでしまった病原体を洗い流すために効果があります。うがい液は、水道水の他、冷ました緑茶、ほうじ茶、塩水、薄めたレモン水なども使用できます。除菌効果の高い薬液は使いすぎに注意し、1日2〜3回の使用にとどめます。

1口目は口の中に含んで、ブクブクと強めにうがいをします。2、3口目は上を向いて、のどの奥までガラガラとうがいをします。

対象物による消毒方法

感染症が発生したら、拡大を食い止めるには適した消毒が必要です。

▼それぞれの対象への消毒方法

対象	消毒方法
手指	アルコール含有消毒薬：ラビング法（30秒間の擦式）、ワイピング法（拭き取り法）
	スクラブ剤による洗浄（消毒薬による30秒間の洗浄と流水）
排泄物、嘔吐物	排泄物や嘔吐物で汚染された床は、手袋をして0.5%次亜塩素酸ナトリウムで清拭
差し込み便器（ベッドパン）	熱水消毒器（ベッドパンウォッシャー）で処理（90℃1分間）
	洗浄後、0.1%次亜塩素酸ナトリウムに浸す（5分間）
リネン・衣類	熱水洗濯機（80℃10分間）で処理し、洗浄後乾燥
	次亜塩素酸ナトリウム（0.05〜0.1%）に浸漬後、洗濯、乾燥
食器	自動食器洗浄機（80℃リンス）
	洗剤による洗浄と熱水処理
まな板、ふきん	洗剤で十分洗い、熱水消毒
	次亜塩素酸ナトリウム（0.05〜0.1%）に浸漬後、洗浄
ドアノブ・便座	消毒用エタノールで清拭
浴槽	手袋を着用し、洗剤で洗い、温水（熱水）で流し、乾燥
カーテン	洗剤による洗濯（一般に感染の危険性は低い）
	体液などが付着した時は、次亜塩素酸ナトリウムで清拭

〔注〕辻明良監修『きちんと感染管理』（全国社会福祉協議会）P.38より

2

知っておきたい疾患と介護法

感染症①

2-72 疥癬

ヒゼンダニという肉眼ではほとんど確認できないダニが、皮膚の角質層に寄生して起こる感染症です。

⊞ どんな病気？ ⊞

疥癬の原因となるヒゼンダニは、人の体から離れると長く生きることはできません。しかし、適度の温度・湿度の自然環境下で数日〜 10 日程度生きていることもあります。感染力が弱い通常の疥癬に比べて、ノルウェー疥癬は体位変換の介助でもうつるので要注意で、個室隔離などが必要となります。

✚ おもな症状 ✚

- 就寝時に激しいかゆみ
- わき、腹部、陰部などにかゆみや発赤が出る（ダニのフンや死がいによるアレルギー反応）
- 赤みがあり少し盛り上がった湿疹（紅斑性小丘疹）が多数出る
- ノルウェー疥癬の場合、皮膚に牡蠣の貝殻のようなかさぶたが出る

▼通常の疥癬とノルウェー疥癬の違い

	通常の疥癬	ノルウェー疥癬
寄生数	1000 匹以下、成虫メス　5 匹以下が多い	100 〜 200 万匹、時に 500 万匹以上
寄生免疫	正常	低下
感染力	弱い	強い
おもな症状	小さな赤い丘疹　小豆大の赤褐色の結節	角質増殖（牡蠣殻状）
かゆみ	強い	不定
場所	頭部を除く全身	全身

介助のポイント

- 清潔を保つことが第一です。定期的に入浴で全身を清潔に保ち、室内はいつも清潔に保ちましょう。

- 衣服やシーツは定期的に取り替えましょう。体から落ちた落屑とともにダニが飛び散ることがあります。居室や脱衣室で更衣する時には注意しましょう。

- 肌着は毎日取り替え、80℃以上の熱湯に1時間以上浸けてから洗濯するようにします。

- 洗濯の難しいものは、ドライ・高温にセットしたアイロンで1か所1分以上を目安にかけます。

- 車イスやポータブルトイレは消毒しましょう。

- オムツは紙オムツを使用し、手袋を着用して交換し、通常の方法で処理します。

- 食器の取り扱いやゴミの処理は通常の通りで、特別な配慮は必要ありません。

- ほこりが立たないように掃除します。シーツの上、脱衣場の床などは粘着テープのついた掃除器具がベストです。

- 治療の軟膏塗布は、発赤のある所だけでなく、首から下全身にくまなく塗ります。

- 施設内で繰り返し起きる時は、居室への殺虫剤（スミスリンパウダーなど）の散布で、ヒゼンダニの駆除を目指すことも必要となります。

2-73 白癬

カビの一種である真菌が皮膚に感染して起こる病気です。感染の部位によって、足白癬（水虫）、爪白癬（爪水虫）、手白癬、体部白癬（ゼニタムシ）、股部白癬（インキンタムシ）、頭部白癬（シラクモ）などと呼ばれています。

🧰 どんな病気？ 🧰

原因は、汗などによって皮膚が不潔で高温多湿な環境である時に白癬菌が増殖し、感染を起こすことです。かゆみがないこともありますが、かゆくないからと放っておかないようにしましょう。温度・湿度など白癬菌の好む環境で皮膚に付着して、24 時間以上経過すると発病するといわれています。

✚ おもな症状 ✚

- かゆみ
- 皮膚は湿潤し、滲出液のある場合もある
- 足や手の指の間の柔らかい皮膚に生じやすい（足の裏にできることもある）
- 爪白癬の場合は、爪の白濁と肥厚がみられる

介助のポイント

- 皮膚を清潔に保ち、衣類や履き物の清潔も保ちましょう。
- 衣服や靴を他の人と共用せず別にします。
- 軟膏を塗る場合は患部を清潔にして広範囲（例えば、足指なら足裏全体）に塗布します。

2-74 インフルエンザ

インフルエンザウイルスによって引き起こされる流行性疾患です。ウイルスの増殖速度が速いため早期治療が重要で、治療が遅れると肺炎や脳症を起こし、死に至ることもあります。

🏥 どんな病気？ 🏥

毎年、冬季に施設などで集団発生するので、ワクチン接種などの予防対策を怠らないようにしましょう。職員や職員の家族が感染した場合、介護を受けている高齢者に感染させないため、場合によっては就業を制限するなどして予防に努めることが大切です。感染経路は飛沫・空気・接触感染です。

＋ おもな症状 ＋

- 1〜3日の潜伏期間で発症 ● 突然の高熱（38〜39℃以上）
- 頭痛、腰痛、筋肉・関節痛、倦怠感の強い全身症状
- 上気道炎症状（咳、鼻閉、鼻汁、咽頭痛）が発熱と同時か少し遅れて出現

介助のポイント

- 高熱と全身症状が現れたら、早急に発熱外来を受診しましょう。
- 安静を保ち、熱や痛みへの適切な対症療法を行い、水分補給を怠らないようにしましょう。
- 感染防止マニュアルに準じ、速やかに感染拡大を防ぎます。
- 認知症があり、安静が難しい人や糖尿病などの持病のある人は確実にワクチン接種を行いましょう。ワクチンの効果はおよそ5か月間です。

2-75 感染症④ 新型コロナウイルス感染症

新型コロナウイルス（SARS-CoV-2）に感染して発症する新興の感染症で、2020年に世界中に拡散し、パンデミックを引き起こしました。わが国では2023年5月に季節性インフルエンザと同等の第5類に引き下げられました。

🧰 どんな病気？ 🧰

感染者の咳、くしゃみ、大声、会話などの際に出る飛沫とエアロゾル（飛沫より小さい微粒子）を吸引することで感染する上下気道の感染症です。37.5℃以上の発熱、咳や息苦しさの呼吸器症状、倦怠感などが特徴です。多くは軽症のまま治りますが、高齢者や基礎疾患のある人は重症化しやすくなり、高齢者施設などではクラスター（集団感染）も多数発生しました。高齢者介護に携わる職員は、ウイルスの持ち込みを防止する厳重な対策が必要です。

✚ おもな症状 ✚

- 初期症状は風邪症状に似て、鼻水、咳、のどの痛みなど
- 突然の高熱（37.5℃以上）、頭痛、腰痛、筋肉・関節痛、倦怠感の強い全身症状
- においや味覚に異常が現れることもある

介助のポイント

- 感染が疑われる場合は、早急に発熱外来を受診しましょう。
- 安静を保ち、熱や痛みへの適切な対症療法を行い、水分補給を怠らないようにしましょう。
- 感染防止マニュアルに準じ、速やかに感染拡大を防ぎます。

2-76 食中毒

飲食物に関連する中毒をいいます。食品そのものだけでなく、調理にたずさわる人の手指、器具、容器などに起因するものも含みます。

どんな病気？

細菌性食中毒、自然毒食中毒、化学性食中毒に分類できますが、9割が細菌性食中毒です。夏場に多く発生しますが、食品の不衛生な取扱いによっては1年中いつでも起こります。

▼食中毒早見表

病原体	原因	潜伏期間	特徴
腸炎ビブリオ	海の魚介類 刺身	平均12時間	真水では増殖できない
サルモネラ	鶏卵、食肉類 糞便に直接・間接に汚染された多様な食品	6〜48時間	乾燥に強い
病原性大腸菌	人・動物の糞便に直接・間接に汚染された多様な食品	12〜72時間	ベロ毒素を産生
カンピロバクター	鶏肉が関係した多様な食品 未消毒の井戸水 ペット	2〜3日	少量で食中毒を起こす
ウェルシュ	食肉・魚介類・野菜を使用した加熱調理品 特に大量調理されたカレー、スープ、弁当	8〜12時間	エンテロトキシン産生 芽胞を形成し通常の過熱(100℃30分)でも生残 酸素があると発育できない（嫌気性菌) 高齢者施設ではベッド、棚、トイレの床、便器、カテーテルなどを通じての院内感染が認められることもある
セレウス	米飯、スパゲッティ、弁当、食肉製品、スープ、やきそば	1〜5時間	芽胞を形成し、通常の加熱でも生残 嘔吐毒産生 嫌気性菌

黄色ブドウ球菌	おにぎり、弁当、調理パン	1 〜 5 時間	手指に傷や化膿創がある人は調理取り扱い禁止
ボツリヌス菌	レトルトパウチに入っている食品、はちみつ、ビン詰、缶詰	8 〜 36 時間	運動神経を麻痺させる毒素産生芽胞を形成し通常の加熱でも生残嫌気性菌
ノロウイルス	カキ、ハマグリなどの二枚貝人から人への感染	24 〜 48 時間	感染力が非常に強い

✚　おもな症状　✚

- 吐き気や嘔吐　● 腹痛や下痢　● 頭痛　● 発熱

◆食中毒予防の3原則

「つけない・増やさない・やっつける」ことが大事です。

1. 清潔！　細菌を食品につけない
2. 迅速！　細菌に増殖する時間を与えない
3. 加熱！　細菌をやっつける

①ノロウイルス（感染性胃腸炎）

　おもに冬期間に感染性胃腸炎を起こす病原菌ですが、最近は一年を通じて報告されています。非常に感染力が強いという特徴があり、経口感染します。潜伏期間は1〜2日で、健康な人であれば2〜3日で改善しますが、高齢者など抵抗力の弱い人の場合、重症化することがあります。症状がおさまっても、便の中に1か月程度はノロウイルスが排出されることがあるので、注意が必要です。

✚　おもな症状　✚

- 吐き気や嘔吐　● 下痢　● 発熱
- 場合によっては無症状（便中には多数のノロウイルスが存在）

【消毒方法】

　アルコール消毒は効果がありません。次亜塩素酸ナトリウムで消毒します。嘔吐物、排泄物の取扱いには十分な注意が必要です。トイレの便座、手すり、床、周囲の壁、ドアノブ、洗面台、スリッパなど、広範囲に消毒します。

②腸管出血性大腸菌（O-157など）

　人の腸内にいる大腸菌と性状は同じですが、ベロ毒素を産生して出血を伴う腸炎を引き起こします。代表的なものは、O-157、O-111などです。経口感染し、潜伏期間は3〜5日です。O-157は75℃で1分間加熱すると死滅します。

✛　おもな症状　✛

● 激しい腹痛　● 水のような下痢、血便

【消毒方法】

　アルコールで消毒します。

介助のポイント

● 2人以上同じ症状が出たら、食中毒や感染症を疑い、できるだけ早急に受診しましょう。

● 診断を受けたら、感染が広まらないように細心の注意が必要です。

● 下痢止めは、症状を悪化させる可能性があります。

● 脱水を起こさないよう水分補給に気をつけましょう。

● 肉と野菜は同じまな板・包丁で切らないこと、生肉をさわった箸で、他の食材をさわらない、口に入れないなど、予防も大切です。

● 食中毒の原因を特定するため、提供する食事の一部を必ずとっておきますが、レクなどでおやつを作る時も、ひと口大くらいのものを1週間程度保存しておきましょう。

感染症⑥

2-77 MRSA(メチシリン耐性黄色ブドウ球菌)

メチシリンなどの抗生物質が効かない（耐性がある）黄色ブドウ球菌による感染症です。

🧰 どんな病気？ 🧰

抵抗力の低下した高齢者などが感染すると、肺炎や敗血症を発症し、日和見感染や院内感染の原因になることがあります。感染症状を起こしていない保菌者は隔離の必要はありません。

MRSA によるおもな感染症

- 肺炎 ● 敗血症 ● 骨髄炎 ● 手術後の傷から感染 ● 褥瘡感染

介助のポイント

- 生活環境内の清掃をしっかり行い、清潔保持が第一です。

- 感染経路対策は、うがい、手洗い、洗顔などが最も有効です。

- 栄養を十分とり、抵抗力をつけることが大切です。

- 介護者の十分な手洗いにより、拡げないことが大切です。

Column 積極的除菌は逆効果

以前は積極的除菌を行っていましたが、最近ではあまり行いません。保菌したまま一生を送る人もいるぐらい MRSA 自体が人体に悪影響を与えていないことと、日頃から除菌薬(イソジンゲルなど)を使用していると、感染症を発症した時に除菌の効果が十分得られない、またはまったく効かないことがあるからです。

2-78 緑膿菌感染症

土中、河川などの自然界、人の皮膚や腸管内に存在する緑膿菌による感染症です。

🧰 どんな病気？ 🧰

通常は、発症しないような弱毒病原体で、大きな手術やがんの末期状態、免疫抑制剤などを使っている時、高齢で抵抗力が非常に弱っている時などに発症します。緑膿菌は、各種の抗菌薬などへの耐性が強い傾向もあり、院内感染の一因となっています。積極的な抗菌剤の投与は行わないほうがよいでしょう。

> **緑膿菌によるおもな感染症**
> ● 肺炎　● 敗血症　● 髄膜炎　● 手術後の傷から感染　● 褥瘡感染

介助のポイント

- 湿ったまま放置したモップやぞうきんに繁殖しやすいので、洗った後は乾燥させることが大切です。
- 花瓶の水にも繁殖しやすいので、こまめに取り替えましょう。
- 生活環境内の清掃をしっかり行い、清潔を保つことが第一です。
- 感染経路対策は、うがい、手洗い、洗顔などが最も有効です。
- 栄養を十分とり、抵抗力をつけることが大切です。

感染症⑧
2-79 レジオネラ症

レジオネラ菌による感染症です。おもな感染症としてレジオネラ肺炎があります。

🧰 どんな病気？ 🧰

レジオネラ菌は土中や河川に広く存在する菌で、通常は問題はありませんが、高齢者など抵抗力の低下した人に感染症を引き起こします。ビルの空調冷却塔や循環式浴槽やジェットバスなどの水が感染源になることがあります。

✚ おもな症状 ✚

- 頭痛 ● 咳 ● 悪寒 ● 高熱 ● 全身倦怠感

【進行すると】
- 胸部痛 ● 呼吸困難 ● 下痢 ● 意識障害

感染対策

- 生活環境内の清掃をしっかり行います。特に浴室の衛生管理、水質管理は大切です。
- 施設などでレジオネラ症が発生した場合は、保健所、行政への届け出が必要です。
- 循環式浴槽は、貯湯槽内を 60℃以上に保ちましょう。
- 循環している浴槽水を、シャワー、打たせ湯、気泡ジェットに使用してはいけません。

〔参考〕レジオネラ症を予防するために必要な措置に関する技術上の指針（平成 15 年厚労省告示 264 号）

その他のよくみられる疾患①

2-80 神経痛

神経痛は末梢神経の経路に沿って起こる激痛です。

🧰 どんな病気？ 🧰

神経痛は突然、特定の末梢神経の支配領域に出現します。発作は数秒から数分間で終わることが多く、繰り返し出現します。

①三叉神経痛

✚ おもな症状 ✚

額、目、頬、顎、歯ぐきに感じるビリビリする電撃的な痛み

【症状予防と日常の過ごし方】

疲労、ストレスで出やすいので、首や肩の血行を改善し、疲れないようにして気分転換を図りましょう。

②肋間神経痛

✚ おもな症状 ✚

肋間神経の走行に沿って感じる痛み。腫瘍などが原因のこともある

【症状予防と日常の過ごし方】

咳、怒責（排便時などに力を入れること）、喫煙、クーラーなどを避け、急に体をひねるなど、胸や背中に負担をかけないようにしましょう。蒸しタオルで患部を温めるとよいです。

2

知っておきたい疾患と介護法

③坐骨神経痛

✚　おもな症状　✚

　腰から臀部、大腿部、ふくらはぎ、足へと感じる痛み。しびれを伴うこともある。椎間板ヘルニアや脊柱管狭窄症などのほか、無理な姿勢や冷え、外傷などで発症する

【症状予防と日常の過ごし方】

　腹這いで本を読んだり、横座りやあぐら、やわらかすぎる寝具を避けます。ラジオ体操とストレッチを15分程度行います。腰が疲れた時は、冷やすとよいですが、15分以上は冷やさないこと。

▼坐骨神経痛が現れる場所

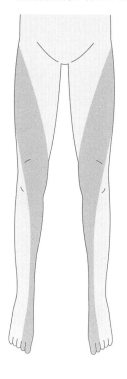 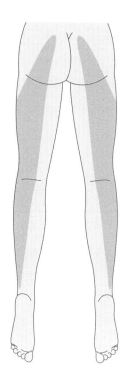

その他のよくみられる疾患②

2-81 脱水症

脱水症は、高齢者によくみられる症状ですが、体内の水分が不足することで起こります。

🩺 どんな病気？ 🩺

高齢者はのどの渇きを感じる中枢神経のはたらきが低下しているため、自身が脱水状態であることに気づいていない場合があります。脱水が強くなると、錯乱・昏睡に至ることもあるので、介護者は注意してかかわる必要があります。

✚ おもな症状 ✚

- 口渇、唾液分泌量の低下 ● 発汗減少、皮膚の弾力性低下 ● 尿量減少
- 血圧低下、失神 ● せん妄、昏睡

介助のポイント

- 治療より予防が大切です。のどの渇きを感じる前に水分をとるようにし、食事に含まれる水分以外に約 1,500mL ／日以上の水分を摂取するようにします。

- 高齢者が好きな飲み物を用意していつでも飲めるようにする、ゼリーや寒天質のものを使うなど、気軽に何度も水分を摂取できる工夫をしましょう。

- トイレを心配して水分を控える高齢者がいますが、これはとても危険です。遠慮をさせないようにしましょう。

- 軽い脱水症であれば、スポーツドリンクで解消できます。

- わきの下が乾燥している時は脱水症を疑います。

2

知っておきたい疾患と介護法

その他のよくみられる疾患③

2-82 腹膜炎

腹腔と腹部の臓器を覆っている腹膜に何らかの原因で細菌が感染し、炎症を起こす病気です。

🧰 どんな病気？ 🧰

経過から、急性腹膜炎と慢性腹膜炎に分けられます。

①急性腹膜炎

✚ おもな症状 ✚

- 突発的に起こる激しい腹痛 ● 発熱 ● 嘔吐 ● 冷や汗 ● 腹部膨満
- ショック状態

【原因】

急性虫垂炎の穿孔、胃潰瘍や十二指腸潰瘍、胃がん、胆のう炎の穿孔、急性膵炎、外傷。

②慢性腹膜炎

✚ おもな症状 ✚

- 微熱 ● 腹痛 ● 消化障害 ● 腹水 ● 便秘 ● 全身の衰弱
- 吐き気・嘔吐

【原因】

結核や腹腔内のがんなど、病気に伴って発症する。

介助のポイント

● 腹膜炎は原因となる病気が悪化して引き起こされることが多いので、持病の症状を悪化させないことが大切です。

Column
腹腔と腹膜

　横隔膜より下部で骨盤までの内腔を腹腔といいます。腹膜は腹腔の内側及び腹腔内の臓器を覆う１つのつながりを持った膜です。腹膜の内側の臓器には胃腸や肝臓などがあります。腎臓は腹膜の外側に位置しています。

▼腹腔

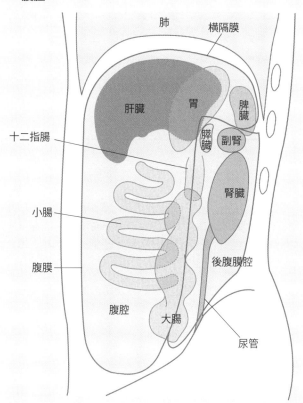

2-83 貧血（鉄欠乏性貧血・腎性貧血）

血液中の赤血球が減少し、全身の細胞が酸素を失い、全身にさまざまな症状を引き起こす状態で、最も多いのは鉄欠乏性貧血です。

🧰 どんな病気？ 🧰

腎性貧血は、腎臓で産生されるホルモンが不足するために起こる貧血で、慢性腎不全や血液透析を受けている人にみられ、薬物治療で改善できます。

✚ おもな症状 ✚

- 頭痛や息切れ、動悸 ・ 吐き気、嘔吐 ・ 慢性的な疲れ、立ちくらみ
- 口内炎、舌炎 ・ スプーン状爪（爪の中心がくぼみスプーン状になる）

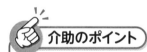 介助のポイント

【鉄欠乏性貧血】

- 食生活に気を配り常に鉄分補給して防ぐことができます。

- 良質なたんぱく質とともにビタミン B₁₂ や葉酸など、赤血球の生成を促す食品をバランスよく食べるようにしましょう。同時にビタミン C をとることも大切です。

- コーヒーに含まれるタンニンは、鉄分の吸収を妨げ便秘の原因にもなるので、食事とずらして飲みましょう。

- 血の巡りをよくします。半身浴も効果があります。

- 鉄剤は、白湯か水で服用することが原則です。

睡眠障害

入眠、睡眠に何らかの異常のある状態をいいます。

🏥 どんな病気？ 🏥

症状・原因で4つに分類できます。加齢とともに続けて眠れる時間は減少傾向にあります。

▼おもな睡眠障害

睡眠異常	睡眠自体が病気であるもの。不眠症、ナルコレプシー、睡眠時無呼吸症候群など
睡眠時随伴症	睡眠中に異常な行動をみせるもの。夜驚症、夜尿症、睡眠麻痺、周期性四肢運動など
精神的理由によるもの	精神病や不安障害、うつ病などに伴う不眠など
その他	短時間睡眠者や長時間睡眠者など

介助のポイント

● 朝たっぷりの光を浴びましょう。体内時計が動き始めるので、寝つきがよくなります。

● 食事の量と睡眠は相互に影響し合っています。ビタミン、ミネラルを十分に摂取し、バランスのとれた食事を心がけます。昼食はたっぷり食べ、夕食は少なめに。

● 乳製品、小魚などに含まれるカルシウムは気持ちを穏やかにして入眠を助けてくれます。夜はコーヒー、ウーロン茶は避けて、ハーブティ、温かいミルクなどを飲むようにします。

● 過度の明るさや刺激の強いテレビの光、周囲の大きな音は脳が刺激されて、入眠を妨げます。湿度、温度にも留意して環境を整えましょう。

その他のよくみられる疾患⑥

2-85 熱中症

熱中症は、日射病や熱射病などの総称です。

🏥 どんな病気？ 🏥

　体温が上昇することで体内の水分や塩分が低下し、循環器、筋肉や脳神経、腎臓などに異常をきたす病気です。特に、高齢者は自覚症状がないまま倒れることもあるので注意が必要です。急激なダイエットをした後や汗をかきにくい人も注意が必要です。下記は高齢者が熱中症に陥りやすい理由です。

● 加齢に伴い体温調節能力や腎機能が低下している
● 上記に加え、口の渇きを感じにくいため、水分摂取量が少ない
● 口渇・頻脈・立ちくらみなどが現れても、持病のせいと軽視してしまいがち

✛ おもな症状 ✛

● めまい感、頭重感（頭痛）　● 疲労感、虚脱感　● 吐き気、嘔吐　● 過呼吸、頻脈
● 四肢や腹筋などに痛みを伴ったけいれん　● ショック症状、意識障害、失神

介助のポイント

● 熱中症は夏だけの病気ではありません。冬に暖房のよく効いた室内で厚着をしていて起こることもあります。気温や直射日光だけでなく、夜間の睡眠中でも、脱水傾向や疲労が蓄積している人は、湿度が高い場所や風が弱い場所にいて発症することがあります。

● 自分でなかなか気づかないのが熱中症です。ちょっと気分が悪いと思っている間に症状が進んでしまうので、介護者は丁寧に観察して対応します。

● のどが渇かなくても、定期的に水分を摂取するよう習慣づけましょう。━

度にたくさんとるのではなく少しずつ、とる回数を多くしましょう。

- 食事以外になかなか水分をとらない人には、スープや鍋料理、具だくさんの味噌汁など食事に含まれる水分を多くする工夫をしましょう。

- 運動や入浴前、夜中に目が覚めたらコップ1杯程度水を飲むことも予防になります。

- 夏に熱中症を予防するために塩分をたくさんとっても体表面の毛細血管が開くので血圧上昇はみられませんが、秋口に血圧上昇の原因になります。

▼熱中症の応急手当

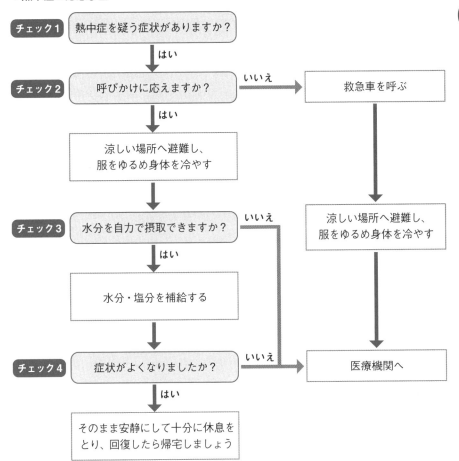

2-86 低体温症

自律的な体温調節の限界を超えて恒常体温（直腸温35℃）を下回るレベルまで体温が低下し、さまざまな支障が生じる状態をいいます。

🩺 どんな病気？ 🩺

極端な寒冷下でだけでなく、濡れた衣服による気化熱や屋外での泥酔、食生活の乱れ（無理なダイエット）などでも発症します。

✚ おもな症状 ✚

- 肩こり、頭痛 ● 腰痛、腹痛 ● 不眠 ● 肌のくすみ ● 四肢の冷感

 介助のポイント

- 衣服が濡れている場合は、乾いた暖かい衣類に替えて毛布などで体を包みます。わきの下やソケイ部をホットパックなどで温め、ゆっくりと体の中心から温めるようにします。

- 眠ると代謝による熱生産が低下するので、十分に温まるまでは覚醒状態を維持します。

- 温かい甘い飲み物をゆっくり与えます。コーヒーやお茶は利尿作用で脱水症状を起こすので避けます。

- 血液を送る筋力の低下は低体温の原因となるので、軽い運動で筋肉を鍛えます。

- 寝たきりで筋肉の量が少ない人も低体温になりやすいので、室温や寝具に注意が必要です。

- アルコール類やタバコ、冷たい飲み物は控えます。

2-87 介護保険の特定疾病

厚生労働省では「特定疾病とは、心身の病的加齢現象との医学的関係があると考えられる疾病であって次のいずれの要件をも満たすものについて総合的に勘案し、加齢に伴って生ずる心身の変化に起因し要介護状態の原因である心身の障害を生じさせると認められる疾病」としています。

介護・介護予防サービスが利用できる疾病

2023年5月現在、40〜64歳の第2号被保険者は、介護保険で対象となる以下の16の疾病が原因で要介護認定を受けた場合に、介護サービス・介護予防サービスが利用できることになっています。

1 がん末期（医師が一般に認められている医学的知見に基づき回復の見込みがない状態に至ったと判断したものに限る。概ね余命6か月程度）
2 関節リウマチ→ P.120
3 筋萎縮性側索硬化症→ P.109
4 後縦靱帯骨化症→ P.123
5 骨折を伴う骨粗鬆症→ P.119
6 初老期における認知症→ P.112
7 進行性核上性麻痺、大脳皮質基底核変性症及びパーキンソン病→ P.108、P.106
8 脊髄小脳変性症→ P.105
9 脊柱管狭窄症→ P.124
10 早老症：老化が通常よりも著しく早く始まる遺伝子病です。白髪、脱毛、白内障、動脈硬化など加齢に伴う症状が若年期からみられます。いくつかのタイプがありますが、成人になって発症するウェルナー症候群が最も多いタイプです。

2 知っておきたい疾患と介護法

219

11 多系統萎縮症：脳のさまざまな部位の変性や萎縮がみられ、それに応じた症状がみられます。運動失調や振戦などのパーキンソン症状や発汗異常、排尿障害などの自律神経症状がおもな症状として現れます。シャイ・ドレーガー症候群、オリーブ橋小脳萎縮症、線状体黒質変性症の総称です。

▼多系統萎縮症と特徴

シャイ・ドレーガー症候群	30〜60歳で発症し男性に多く、起立性低血圧などの自律神経症状が特徴で、進行すると歩行困難になる。睡眠時無呼吸状態も特徴の1つ
オリーブ橋小脳萎縮症	小脳や橋の萎縮がみられ、小脳性の運動失調が特徴。脊髄小脳変性症と似た症状を示すが、進行はより急速
線状体黒質変性症	パーキンソン病と似た症状がみられるが、より自律神経症状が強く、振戦が少ないのが特徴

12 糖尿病性神経障害、糖尿病性腎症及び糖尿病性網膜症→ P.158
13 脳血管疾患→ P.99
14 閉塞性動脈硬化症→ P.143
15 慢性閉塞性肺疾患→ P.148
16 両側の膝関節または股関節に著しい変形を伴う変形性関節症→ P.122

第 3 章

日常で行う観察と計測

　介護職に求められる観察とは、利用者を総合的にみることです。

　ここでは、客観的事実として数値で示すことのできるバイタルサインの観察と正しい計測方法について学びます。

3-01 バイタルチェックと知っておきたい検査値など

バイタルサインとは、生命徴候ともいいます。生体が生きていることを示す指標のことで、体温、脈拍、呼吸、血圧などを指します。

バイタルチェックのポイント

測定をする時に重要なことは、何のために測定するのか目的を明確にした上で正確に測定することと、いつもの値とどう違うのかを比べることです。

また、測定値の表している意味や、異常なのかどうか、緊急なものかどうかの判断をすることが重要です。

判断する時には、数値そのものだけで判断したり、こだわったりすることがないようにし、本人自身を全体的にみることが大切です。日頃から、数値には表せない顔色や皮膚の状態、行動パターンや習慣、クセなどをよく観察することが大切です。

▼数値で表せるもの

体温、脈拍、呼吸、血圧などのバイタルサイン
血液や尿などの検査データ
体重
尿、便、痰、嘔吐物、分泌液などの量や回数
食事、飲水、点滴などの量や回数
腹囲、足や腕の太さ
体力測定で計測する数値
室温、湿度など

数値で判断できない情報を把握する

　数値で表せない顔色、皮膚の状態、気分などを把握するための方法として「観察」があります。観察は、利用者の身体と心の状態、話し方、周囲の人との関係、社会的なかかわり（生活リズム）など、さまざまなものを総合的にみることから始まります。

　観察した結果を判断するための指標として、「利用者の日常」があります。利用者のふだんの様子を知っているからこそ「なんだかいつもとちがう…」がわかるのです。自分の状態を訴えることができない高齢者もいます。「おや？　変だな…」という介護職の気づきが、利用者の一命をとりとめることになったり、反対に気づかなかったことが回復を遅らせることもあります。注意して、丁寧にかかわりましょう。

▼数値で表せないもの

顔色、皮膚、眼、耳、鼻、口、のど、爪、髪
自覚症状、訴え、全体の雰囲気
表情、姿勢、身振り、しぐさ、態度、視線
食欲、睡眠、排泄（尿・便の色）、行動
行動パターン、活動性
声、話し方、話の内容
前後にあった出来事
精神状態、気分、心配事や不安の有無
家族や他者との関係

3

日常で行う観察と計測

3-02 体温

体温には個人差があるので、正確に測定するためには、その人の平熱がどのくらいかの情報が必要です。介護職は、水銀及び電子体温計でわきの下での測定、または耳式体温計で外耳道での測定ができます。

高齢者と体温

通常、高齢者は基礎代謝が低下するため、低い数値を示す傾向にあります。また、左右で 0.1 ～ 0.4℃の温度差があり、1 日の中でも 2 ～ 6 時頃までが低く、15 ～ 20 時頃までが高い日差（1℃以内）があります。左右どちらで、何時に測るかを決めておくと正確に測定することができます。

体温の測り方と注意点

- 正常値は 35.5 ～ 37.0℃ぐらい（高齢者は一般に低め）。
- わきの下で測ります。
- 体温計の先端がわきの下の皮膚に当たっているか確認します。
- 麻痺がある場合は、麻痺のない側で測定します。
- 汗は必ず拭き取って乾かしてから測定します。
- 食事や入浴、運動の後は、1 時間ぐらい経ってから測定します。
- 測定時間は水銀体温計の場合 5 分程度、電子体温計で 60 ～ 90 秒程度です。
- 体温計の先端をわきの下の皮膚に密着させます。
- 体温計の向きは、わきの下の皮膚に向かって 30 ～ 45 度ぐらいにします。
- 腕を下げ、体温計を押さえます。
- やせていて、わきの下に隙間がある場合は、腕を上から押さえて体温計がずれないようにします。

▼体温計と点検項目

測定器具	日常の点検項目
水銀体温計	水銀柱の破損はないか。清潔は保たれているか
電子体温計	電池切れになっていないか。表示部分の数字は正しく表示されているか。清潔は保たれているか

▼体温計のはさみ方

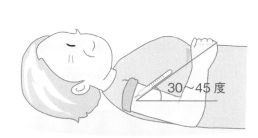

30〜45度　　30〜45度

Column わきの下以外での検温法

　わきの下以外で体温を測る方法として、舌下に体温計を差し込んで測る方法（口腔検温法）と肛門から直腸に体温計を挿入して測る方法（直腸検温法）があります。最近は感染症予防の観点から非接触的な測定器を使用しての測定も行われています。

　口腔検温法は、わきの下に比べて測定時間が短いという特徴があります。直腸検温法は、さらに短時間ですみ正確な体腔温度が測れますが、不快感が伴うので一般的ではありません。

3-03 脈拍

脈拍は、通常は手首の脈の触れる部分に指を当て、速さ、強さ、リズムなどを観察します。

脈拍測定の方法

脈拍は左右で触れ方が違うことがあるので、最初は左右両方で測定するとよいでしょう。精神状態にも影響されるので、緊張や興奮状態の場合は落ち着いてから測定します。

脈拍の測り方と注意点

- 正常値は 60 〜 80 回／分ぐらいで規則正しいリズム。
- 手首の親指の付け根側（橈骨動脈）で測定します。
- 自分の脈拍と混乱しないように親指は使わず、人差し指、中指、薬指の 3 本で測定します。
- 食事や入浴、運動を行った時は、しばらく安静にしてから測定します。急いで測定が必要な場合は、3 〜 4 回深呼吸してもらってから測定します。
- 安静時に脈拍が 50 回／分以下、120 回／分以上の時は、医療職に報告し、対応を相談します。
- 脈拍数だけでなく、リズムに乱れがないか、脈が飛ぶことはないか、脈の強さや伝わり方はどうかを観察します。
- 不整脈には、脈拍の測定だけで鑑別することが困難なものもありますが、リズムがバラバラに伝わるものもあります。おかしい場合は医療職に報告し、対応を相談します。

▼脈拍の測定場所

橈骨動脈

手首の内側の親指側

上腕動脈

肘の内側で小指側

肘をまっすぐに伸ばすと測りやすくなります。

側頭動脈

両側のこめかみ

頸動脈

首の両側で顎の下

足背動脈

足の甲のまん中のあたり

3

日常で行う観察と計測

3-04 血圧

介護職ができるのは、自動血圧計での測定のみです。水銀血圧計、アデロイド血圧計を使っての血圧測定は、医療職でないとできません。

血圧の基本

血圧は、食事や入浴、時間帯や精神状態、室内の温度などによって変動します。一般的に高齢者は加齢による動脈硬化に伴い、収縮期血圧（最低血圧）が上昇する傾向にあります。また、就寝時の血圧が低下して、血圧の日内変動が大きくなりやすい特徴があります。降圧剤を服用している場合は、薬による起立性低血圧を起こしやすくなります。

血圧の測り方と注意点

- 正常値は、110 ～ 140/60 ～ 90mmHg です。
- 血圧計を巻いた腕は心臓と同じ高さにして測定します。
- 麻痺がある場合は、麻痺のない側で測定します。
- 食事や運動をしたり、緊張している時は、しばらく時間をおくか、3 ～ 4 回深呼吸をしてからリラックスした状態で測定します。
- 室温が低いと、袖をまくった時に血圧が上昇することがあるので、測定時の室温に注意が必要です。
- 日内変動があるので、同じ時間に測ることが大切です。
- 腹圧が上がると血圧も上がります（ズボンやスカートがきつい、ガードルをはいている、ベルトが食い込んでいるなどの状態）。

※高血圧の分類については P.138 参照

▼自動血圧計の正しい測り方

イスに背筋を伸ばして座ります。

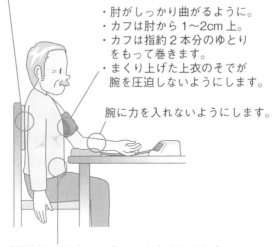

・肘がしっかり曲がるように。
・カフは肘から1〜2cm上。
・カフは指約2本分のゆとり
　をもって巻きます。
・まくり上げた上衣のそでが
　腕を圧迫しないようにします。

腕に力を入れないようにします。

腹圧がかからないようベルトをゆるめます。

▼上腕式血圧計のマンシェットの巻き方

①手のひらを上に向けます。

②エア管の接続部分が中指の
延長線上にくるようにしま
す。マンシェットの端が肘
関節の内側から1〜2 cm
上にくるようにマンシェッ
トをあてます（肘が90度
曲げられるようにします）。

③指が1〜2本入るぐらいの
ゆるさで巻きます。

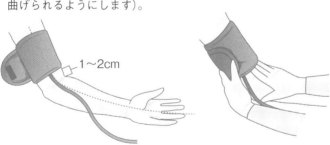

1〜2cm

呼吸

意識的に息をつめたり、ゆっくり深い息をしたりしないよう、自然な状態の呼吸を観察してください。

呼吸観察の方法

呼吸数だけではなく、深さや規則性、苦しそうな呼吸か、鼻が詰まっていないか、肩で息をしていないか、喘鳴がないか、痰がからんでいないかなども一緒に観察します。

呼吸の測り方と注意点

- 正常値は、15〜20回/分ぐらいで静かな規則正しいリズム（吸って吐いてで1回です）。
- 相手に測定することを意識させないように、脈を測定するように手首をとりながら、胸の上下運動か呼吸音を数えます。興奮や不安が強い時には速く浅くなるので正しく測れません。
- ヒューヒューゼイゼイ、ゴロゴロなど、痰がからんだり、いつも聞かれない音がする時には、どの部位から音がするのか耳を近づけて確認します。
- 入浴や排泄時には特に注意が必要です。食後や就寝時、どのように変化するか観察します。
- 息苦しさを原因とする姿勢の変化にも注意をしてください。

▼おもな異常呼吸

浅速呼吸

口で速く浅い呼吸をします。

肩呼吸

肩を上下に動かして呼吸します。

起座呼吸

呼吸困難のために
座位でする呼吸です。

下顎呼吸

口を開け、下顎を上下させて息をしようとします。終末期によくみられます。

口すぼめ呼吸

慢性閉塞性肺疾患（COPD）で息が吐きにくくなると、無意識に口すぼめ呼吸を行っていることがあります。
胸鎖乳突筋を使い、気道内圧を高めて、息を吐く時に気道閉塞を起こしにくくしています。

3-06 血液検査

血液検査とは、血液を採取し、その血液から病状などを調べる臨床検査の1つです。血液検査は、多くの病気を早期発見するために必要不可欠な検査です。

▼血液一般検査の正常値と疑われるおもな疾患

検査名	正常値	疑われるおもな疾患
赤血球数	男性：410 ～ 530 万 / μL	低：貧血
	女性：380 ～ 480 万 / μL	高：多血症
ヘモグロビン	男性：14 ～ 18g/dL	低：貧血
	女性：12 ～ 16g/dL	高：多血症
ヘマトクリット	男性：40 ～ 48%	低：貧血
	女性：36 ～ 42%	高：多血症
赤沈（血沈）	男性：2 ～ 10mm	遅延：多血症、肝炎
	女性：3 ～ 15mm	促進：扁桃炎、気管支炎
白血球数	3800 ～ 9500/ μL	低：ウイルス感染症、自己免疫疾患
		高：感染症、白血病
血小板	14 ～ 40 万 / μL	低：急性白血病、肝硬変
		高：慢性骨髄性白血病

▼血液生化学の正常値

検査名	正常値	疑われるおもな疾患
GOT（AST）	13 ～ 35U/L	高：肝炎、脂肪肝
GPT（ALT）	8 ～ 48U/L	高：肝炎、脂肪肝
ALP	86 ～ 252U/L	高：肝炎、胆石
LDH	109 ～ 210U/L	高：肝炎、心筋梗塞
LAP	20 ～ 70U/L	高：肝炎、肝硬変
γ -GTP	男性：7 ～ 60U/L	高：肝炎、肝がん
	女性：7 ～ 38U/L	

検査名	正常値	疑われるおもな疾患
ナトリウム（Na）	135～147mEq/L	高：糖尿病性昏睡、脱水症
		低：急性腎炎、慢性腎不全、心不全
カリウム（K）	3.5～5.0mEq/L	高：急性腎不全、慢性腎不全
		低：呼吸不全症候群、アルドステロン症
カルシウム（Ca）	8.5～10.1mEq/L	高：悪性腫瘍、副甲状腺機能亢進症
		低：腎不全、副甲状腺機能低下症、ビタミンD欠乏症など
血清総たんぱく（TP）	6.5～8.1/dL	低：肝硬変、栄養不足、ネフローゼ
		高：多発性骨髄腫
A/G比	1.2～2.0	低：ネフローゼ、肝硬変
膠質反応	TTT：0.5～6.5U	高：肝炎、脂肪肝、肝硬変、高脂血症、膠原病
	ZTT：4～12U	
ビリルビン	0.3～1.2mg/dL	高：黄疸、肝臓病
尿素窒素（UN）	7～19mg/dL	低：肝不全
		高：慢性腎炎、腎不全
クレアチニン	男性：0.7～1.1mg/dL	低：筋ジストロフィー症
	女性：0.5～0.9mg/dL	高：腎機能障害
尿酸	男性：4.0～7.0mg/dL	低：腎臓での再吸収障害
	女性：3.0～5.5mg/dL	高：痛風、多血症
空腹時血糖	60～110mg/dL	低：甲状腺機能低下症
		高：糖尿病、肝硬変
HbA1c	4.3～5.8%	高：糖尿病
総コレステロール	130～220mg/dL	低：肝硬変
		高：高脂血症、動脈硬化
HDLコレステロール	40～70mg/dL	低：動脈硬化、高中性脂肪
中性脂肪	55～150mg/dL	低：慢性肝障害
		高：高脂血症

〔注〕数値は、奈良信雄『看護師のための検査値・数式事典』（秀和システム）より

3
日常で行う観察と計測

3-07 尿・便検査

尿・便検査では、尿たんぱく、尿潜血反応、尿糖、尿沈渣、尿比重、尿ウロビリノーゲン、便潜血反応などをみます。

尿検査の必要性

身体のどこかに異常があると、不要物が排除されなかったり、排除されてはならないものが尿に混じって出てきたりします。検査によって、異常を細かく調べることができるので、定期的に検査することが大切です。

▼検査項目と目的

検査項目	検査目的
尿たんぱく	腎臓や尿管の障害を調べる
尿潜血反応	腎臓や尿路の異常を調べる
尿糖	糖尿病の疑いを調べる
尿沈渣	尿中の固形物の量を調べる
尿比重	尿の濃度で腎障害を調べる
尿ウロビリノーゲン	肝臓のはたらきを調べる
便潜血反応	消化器からの出血の有無を調べる

▼基準値と基準外値

検査項目	基準	基準外	疑われるおもな疾患
尿たんぱく	陰性（−） 疑陽性（±）	弱陽性（＋） 陽性（2＋） 強陽性（3＋）	腎炎、尿路系感染症、ネフローゼ
尿潜血反応	陰性（−）	疑陽性（±） 弱陽性（＋） 陽性（2＋） 強陽性（3＋）	腎炎、腎結石、腎がん、尿路結石

検査項目	基準	基準外	疑われるおもな疾患
尿糖	陰性（−）	疑陽性（±） 弱陽性（＋） 陽性（2＋） 強陽性（3＋）	糖尿病、膵炎、腎性糖尿、甲状腺機能亢進症
尿沈渣	赤血球 （4個以内）	赤血球 （5個以上）	【赤血球】尿路結石
	白血球 （4個以内）	白血球 （5個以上）	【白血球】腎盂腎炎
	結晶成分 （少量）	結晶成分（多量）	【結晶成分】腎結石
	上皮細胞 （少数）	上皮細胞（多数）	【上皮細胞】尿路の炎症
	円柱細胞 （少数）	円柱細胞（数個）	【円柱細胞】腎盂腎炎、ネフローゼ
尿比重	1.015〜1.025	1.015未満、1.025以上	高：ネフローゼ、糖尿病、心不全
			低：腎不全、尿崩症
尿ウロビリノーゲン	疑陽性（±）	陽性（2＋）	肝障害、溶血性黄疸、閉塞性黄疸
	弱陽性（＋） 強陽性（3＋）		
便潜血反応	陰性（−）	疑陽性（±） 弱陽性（＋）	食道・胃・十二指腸の腫瘍、憩室炎、大腸ポリープ、大腸がん、痔
		陽性（2＋） 強陽性（3＋）	

3 日常で行う観察と計測

Column 高齢者と薬の量

　加齢に伴い、血液中の水分量が低下します。これに腎臓機能の低下も加わるので、高齢者の場合、成人と同量の薬を飲むと、腎臓に負担をかけることになります。

　薬剤性腎障害の原因となる薬は、抗菌剤、非ステロイド性消炎鎮痛剤、造影剤、抗がん剤などです。

3-08 画像検査

画像検査とは、部位を画像にして捉える検査のことです。超音波検査（エコー検査）やMRI（磁気共鳴画像装置）検査などがあります。胸部X線や、胃・十二指腸X線造影、眼底・眼圧検査も画像検査の中に入ります。がんや炎症、出血、血管の病気などが画像診断のおもな対象となります。

おもな画像検査

X線検査

X線を目的の物質に照射し、透過したX線を写真フィルムなどの検出器で可視化することで内部の様子を知る画像検査法のことです。

他臓器への被ばくを避けるためにあてます。

CT検査

コンピューター断層撮影法のことで、身体にX線を照射し、通過したX線量の差をデータとして集め、コンピューターで処理することによって体の内部を画像化する検査です。

MRI検査

　X線撮影やCT検査のようにX線を使用することなく、強い磁石と電波を使って体内の状態を断面像として描写する検査です。特に脳や卵巣、前立腺などの下腹部、脊椎、四肢などの病巣に関して、圧倒的な検査能力を持っています。

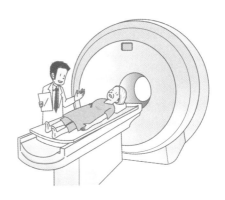

超音波検査

　超音波を当てて、その反響を映像化する画像検査法です。

▼**検査の種類と診断されるおもな疾患**

検査の種類	おもな疾患
胸部X線	肺結核、肺炎、気管支炎、肺がん
胃・十二指腸X線造影	食道がん、胃がん、腸がん
超音波	心臓弁膜症、肝がん、膵臓がん
眼底・眼圧	糖尿病性網膜症、緑内障、網膜剥離

3-09 心電図検査

　心電図検査とは、心臓の筋肉が鼓動を打つために発生する微弱な電気信号を、身体表面につけた電極から検出し、波形として記録する検査です。心臓の疾患にかかわる検査の中でも比較的簡単に行え、病気発見の第一の手がかりとなります。定期的に検査をすることが必要です。

検査の目的

- 不整脈の有無を調べる。
- 虚血性疾患の有無を調べる。
- 高血圧を伴う心肥大の有無を調べる。
- 心臓病の有無を調べる。

▼心電図検査

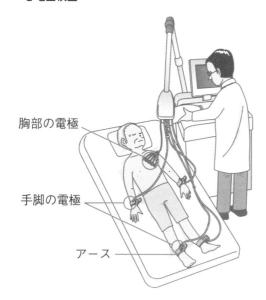

胸部の電極

手脚の電極

アース

▼正常心電図

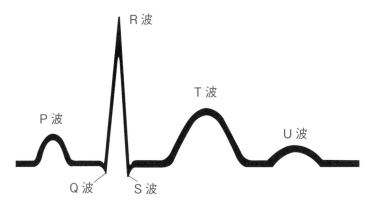

異常な場合に疑われるおもな疾患

- 不整脈
- 心肥大
- 心筋虚血
- 心房中隔欠損症
- 心筋梗塞
- 拡張型心筋症
- 心臓偏位
- 心臓弁膜症
- 電解質失調

異常があった場合の対処

　異常が見つかった場合は、負荷心電図、ホルター心電図、心臓超音波検査（心エコー）の検査をする場合があります。必要に応じて、心臓カテーテル、心筋シンチグラフィーなどの精密検査を行い、病気を診断して治療を行います。

Column 介護職の可能な服薬介助の3条件

介護職が服薬（内服薬、坐薬、貼付薬、点眼薬、点鼻薬）を介助するには、対象者が次の3つの条件を満たしている必要があります。

①入院・入所して治療する必要がなく、容態が安定している
②副作用の危険性や投薬量の調整などのため、医師・看護師による連続的な経過観察の必要がない
③内服薬の場合は誤嚥の可能性がなく、その薬品の使用方法について専門的な配慮が不要である

なおかつ、

● 医療従事者の免許をもたないものによる医薬品の使用介助ができることを、本人または家族に伝えていること
● 事前に本人または家族から具体的な依頼があること

が必要です。この説明と同意および具体的な依頼は、書面でいつでも確認できるようにしておきましょう。

市販薬はこの対象外で、医師の処方を受けた薬品でなければ服薬介助はできません。薬袋などにより患者ごとに区分され、一包化されている必要があります。

さらに介護職は、薬剤師の服薬指導、看護職員の保健指導・助言を遵守することとされています。

第 4 章

介護職の可能な行為

　近年、介護職に求められる医療的な行為の範囲が拡大される傾向にあります。

　ここでは、介護職の行える医行為ではない行為と介護現場でよくみる医療行為を解説します。

　介護職の可能な範囲はどこまでかをきちんと知ることが大切です。

　また、近年では人生最期の時を生活しなれた介護施設で望む人も増えています。介護施設での看取りガイドライン（厚生労働省）なども整備されています。これからは施設・在宅ともに看取り期における介護職の役割も大いに期待されています。

4-01 医行為ではない行為

「医療外行為」は、利用者の状態が安定し、危険が少ない状態の場合のみに行われるものです。さらに、医師の指導のもとに行うこと、介護サービス事業者などの監督など、いくつかの条件を満たした場合にのみ行えます。

介護保険法と医療外行為

介護保険法では、介護職の仕事を「入浴、排泄、食事などの介護その他の日常生活上の世話」としています。しかし、介護現場では、介護職が血圧測定や服薬の介助などを日常的に行わなければ利用者の生活を保障することはできないため、一定範囲の医療に似た行為を「医療外行為」とし、介護職の業務として認めています。

▼医行為ではない行為

1	体温測定	・水銀・電子体温計による腋窩での測定 ・耳式電子体温計による外耳道での測定
2	血圧測定	・自動血圧測定器及び半自動血圧測定器（ポンプ式を含む）による測定
3	パルスオキシメーターの装着及びSpO$_2$の確認	・新生児以外 ・入院治療の必要のないもの
4	軽微な切り傷、すり傷、やけどなどの処置（汚物で汚染されたガーゼ交換を含む）	・専門的な判断や技術を必要としないもの
5	皮膚への軟膏塗布（褥瘡の処置を除く） 皮膚への湿布の貼付 点眼薬の点眼 一包化された内服薬の内服（舌下錠、液剤を含む） 肛門からの坐薬の挿入 鼻腔粘膜への薬剤噴霧 爪への軟膏または外用薬の塗布 吸入薬の吸入	・3条件を満たす ・介護職が介助できることを本人または家族に伝えている ・事前に本人または家族から具体的に依頼されている ・医師または歯科医師の処方によるもの ・薬剤師の服薬指導の上、看護職員の保健指導、助言を遵守

6	爪切り 爪やすりでのやすりがけ	・ 爪そのものに異常がなく、爪の周囲の皮膚にも化膿や炎症がなく、かつ糖尿病などの疾患に伴う専門的な管理が必要でない場合
7	口腔ケア 有床義歯（入れ歯）の着脱及び洗浄	・ 重度の歯周病などがない場合の日常的な口腔内の刷掃、清拭において歯ブラシ、綿棒、巻綿子などを用いて歯、口腔粘膜、舌に付着している汚れを取り除き清潔にすること
8	耳垢の除去	・ 耳垢塞栓の除去を除く
9	ストーマパウチに貯留した排泄物を捨てること及びパウチの交換	・ ストーマ及びその周辺の状態が安定している場合など専門的な管理が必要とされない場合 ・ ツーピースタイプ及びワンピースタイプ双方とも含む
10	自己導尿の補助	・ カテーテルの準備、体位の保持など
11	市販のグリセリン浣腸器を用いての浣腸	・ 挿入部の長さ5〜6cm程度以内 ・ グリセリン濃度50% ・ 成人40g程度以下
12	インスリン投与の準備、片付け	・ 医師から指示されたタイミングでの実施の声かけ、見守り、未使用の注射器などの患者への手渡し、使用後の注射器の片付け（注射器の針を抜き、処分する行為を除く）、記録 ・ 患者が血糖測定及び血糖値を確認した後に、当該血糖値があらかじめ医師から指示されたインスリン注射を実施する血糖値の範囲と合致しているか確認すること ・ 患者が準備したインスリン注射器の目盛りがあらかじめ医師から指示されたインスリンの単位数と合っているか読み取ること
13	持続血糖値測定器のセンサーの貼付	・ 測定値を読み取り、血糖値の確認をすること
14	経管栄養の準備及び片付け	・ 栄養などを注入する行為を除く→喀痰吸引等研修を要するため ・ 経鼻経管栄養チューブを留めているテープが外れたり汚染した場合、皮膚に発赤などがなく、身体へのテープの貼付にあたって専門的な管理を必要としない場合、あらかじめ明示された貼付位置に再度貼付すること
15	喀痰吸引の補助	・ 吸引器にたまった汚水の廃棄 ・ 吸引器に入れる水の補充 ・ 吸引チューブ内を洗浄する目的で使用する水の補充

4

介護職の可能な行為

16	在宅酸素療法の補助	・ 酸素マスクなどを装着していない状況での医師から指示された酸素流量の設定 ・ 酸素を流入していない状況での酸素マスクなどの装着準備、酸素離脱後の片付け ・ 酸素吸入の開始や停止は医療職か本人（酸素流入中の酸素マスクなどの装着や除去を含む） ・ 酸素供給装置の加湿ビンの蒸留水の交換 ・ 機器の拭き取りなど機械の使用に係る環境整備 ・ 酸素流入中の酸素マスクなどが一時的にはずれた場合、睡眠中や意識がない場合や肢体不自由などがあり自力で戻せない時に、当該酸素マスクなどをもとの位置に戻すこと ・ 在宅人工呼吸器を使用している患者の体位交換を行う場合に、医師または看護職員の立ち会いのもと、人工呼吸器の位置を変更すること
17	膀胱留置カテーテル留置中のケア	・ 蓄尿バッグからの尿廃棄（DIB キャップの開閉を含む） ・ 蓄尿バッグの尿量及び尿の色の確認 ・ 膀胱留置カテーテルなどに接続されているチューブを留めているテープが外れた場合に、あらかじめ明示された貼付位置に再度貼付すること ・ 専門的管理が必要ないことを医師または看護職員が確認した場合のみの陰部洗浄
18	食事介助	・ とろみ食を含む

4-02 口腔ケア

口腔ケアとは、口腔清掃、歯石の除去、義歯の手入れだけでなく、口腔の疾病予防・機能回復までを含み、口が行うすべての機能を維持・向上させるためのケアをいいます。

介護職と口腔ケア

介護職に許されているのは、重度の歯周病などがない場合の日常的な歯みがきや清拭をする際に、歯ブラシや綿棒を使って、歯、口腔粘膜、舌に付着している汚れを除去して、清潔を保つことです。

口腔ケアの目的

口は呼吸器と消化器の入り口です。口腔内は 37℃前後に保たれているので、微生物にとって非常に居心地のいい場所です。唾液のはたらきで、その増殖をいくらか抑えることはできますが、完全に抑えることはできません。口腔内の清潔を保つことは、虫歯や歯槽膿漏を防ぐだけでなく、肺炎の予防にもなるのです。

経管栄養や胃ろうの人は口から食べないので、唾液分泌量の減少に伴って、自浄作用が低下し、口腔内は汚れやすくなっています。唾液や口腔内の汚れ（痰や粘膜がはがれたものなど）を飲み込んで肺炎になることもあります。口臭も強くなるので、口から食べられない人ほど丁寧な口腔ケアが必要です。

口腔ケアを行う体位

口腔ケアは生活のリズムをつくるためにもできるだけ洗面所で行いましょう。ベッド上で行う場合は、起座位またはファーラー位（半座位）で行いま

4

介護職の可能な行為

245

す。上半身を起こせない場合は、側臥位または仰臥位で、顔を横に向けて行います。麻痺がある場合は、誤嚥を防ぐため健側を下側にします。

汚れやすい部位

ブラッシングの基本は、口腔内の歯垢や食物残渣を取り除くことです。汚れが残りやすい部分を知って、その部分を適切にケアするようにしましょう。汚れが残りやすい所は以下の通りです。

- 麻痺側の歯の外側（特に上の奥歯）
- 歯と歯ぐきの境目
- 歯と歯の間が空いている内側
- 歯の裏側と歯ぐきの境目
- 奥歯のかみ合わせ、虫歯の穴の中

　義歯を装着している場合、義歯と歯の境目に食物残渣が残りやすいので、義歯を外してブラッシングを行います。

▼汚れやすい口腔の部位名

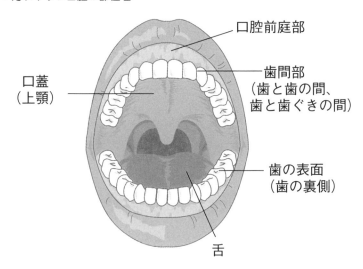

口腔前庭部

歯間部
（歯と歯の間、
歯と歯ぐきの間）

口蓋
（上顎）

歯の表面
（歯の裏側）

舌

口腔ケアの道具

- 歯ブラシ：口腔粘膜を傷つけることがないように柔らかめで、細かいところが磨きやすいようにブラシの先が小さめのものを選びます。たんぽぽの綿毛のような形状の歯ブラシもあります。
- タフトブラシ：孤立している歯や奥歯を磨くためのものです。
- 歯間ブラシ：歯ブラシだけでは取り除きにくい歯と歯の間の汚れを取り除くために使います。
- ホルダー付きフロス：歯と歯の間や、歯ぐきとの境目の汚れを取り除くために使います。
- 綿棒：口蓋、舌、口蓋前庭部などの汚れを取り除くために使います。
- スポンジブラシ：口蓋、軟口蓋などの汚れを取り除くために使います。

▼主な口腔ケアの道具

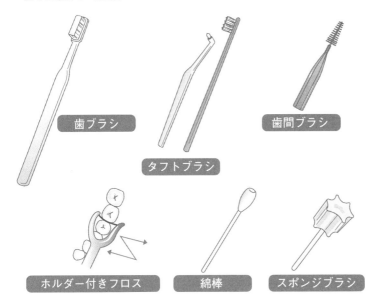

歯ブラシ

タフトブラシ

歯間ブラシ

ホルダー付きフロス

綿棒

スポンジブラシ

4

介護職の可能な行為

口腔ケアの方法

　歯ブラシでブラッシングを行う前にうがいをすると、食物残渣がとれてより効率的です。うがいが不可能な時は、水やお湯、液体歯みがき剤などを染

み込ませた綿棒でざっと汚れをとった後にブラッシングをします。

　歯ブラシは歯を 1 本 1 本磨くような感じで細かく動かします。力を入れる必要はありません。歯垢は柔らかいので、歯ブラシの先が歯面に触れていれば除去できます。

歯と歯ぐきの境目

　歯ブラシの毛先を軽く 45 度傾けて細かく左右に振動させます。

▼歯と歯ぐきの境目の磨き方

歯の裏側

　歯ブラシを縦にして 1 本 1 本丁寧に磨きます。

▼歯の裏側の磨き方

奥歯のかみ合わせ・虫歯の穴の中

　奥歯は溝に毛先を当ててしっかり磨きます。虫歯の中に入り込んだ汚れは、軽く掻き出すような感じで磨きます。

▼奥歯のかみ合わせ・虫歯の穴の中

義歯の手入れ法

　義歯には、総入れ歯（総義歯）と部分入れ歯（部分床義歯）があります。総義歯は、床の大きいほう（ピンクの部分）が上顎用で、U字型が下顎用です。

▼義歯

上顎用　　　　　　　　　　　　下顎用

　部分入れ歯は、部位・大きさによって形が多様です。しかし、基本的には、ピンク色の床の部分、白い人工歯、それに金属のクラスプと呼ばれる残存歯にかける金具からできています。

▼部分入れ歯

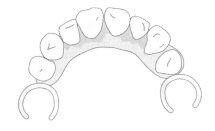

義歯の着脱

　総義歯の着脱は、上の義歯、下の義歯の順に行います。上の義歯を入れる時は、左右片側ずつ口の中に入れ、入ったらまっすぐ上顎に密着させます。外す時は、上の義歯をしっかりつかみ、前歯の部分を上顎に向けて少し押し上げます。

　下の義歯は、前歯の部分を持ち上げて外します。

4

介護職の可能な行為

▼義歯の着脱方法

入れ方

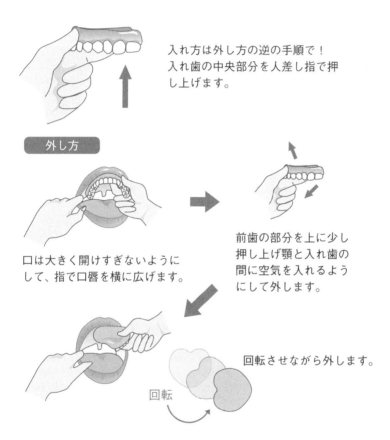

入れ方は外し方の逆の手順で！
入れ歯の中央部分を人差し指で押
し上げます。

外し方

口は大きく開けすぎないように
して、指で口唇を横に広げます。

前歯の部分を上に少し
押し上げ顎と入れ歯の
間に空気を入れるよう
にして外します。

回転

回転させながら外します。

部分床義歯は、歯の生えている方向にクラスプを指で外すと義歯もはずれます。装着する時は、クラスプの位置にあわせて押します。部分床義歯は、何日も装着したままでいるとはずれにくくなります。毎日外してケアすることと、残存歯のブラッシングが大切です。

▼部分床義歯の着脱方法

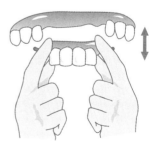

まっすぐ上下に動かします。

義歯の手入れ法

　毎食後、義歯用のブラシ（なければ硬めの歯ブラシ）で行います。落とすと破損することがあるので、洗面所あるいは洗面器に水を入れその中で行います。歯みがき剤のほとんどに研磨剤が入っているので義歯が傷ついてしまうため使用しないようにします。

　義歯は清掃状態が悪いと、細菌の格好の繁殖場所になります。義歯用の洗浄剤を効果的に使い、清潔を保ちましょう。誤嚥性肺炎や義歯の誤飲の予防のために、寝る時は必ず外して専用のケースに水を入れて保管します。

▼義歯の手入れ

うがいの方法

　うがいは基本的には、ブラッシングによる機械的清掃を補助するもので、水、冷ました緑茶、塩水、デンタルリンスなどを使って行います。

　口に少しの水を含んで、上下・左右・前後と頬を動かして、ブクブクうがいを行います。口の周囲の筋肉を十分に動かすようにします。

　口の周囲の筋肉を動かすことは食事の準備体操としての効果もあるので、食前・食後・就寝前に行うようにしましょう。

うがいができない時

　うがいができない時や、わずかな水分でもむせてしまう時には、スポンジブラシや手づくり綿棒で口の中を拭きます。

▼口の中の拭き方

口の中の拭き方

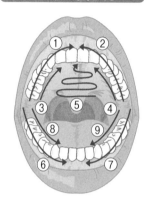

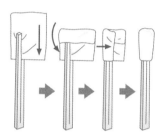

割ばしの間に綿をはさみ、矢印のように巻くと綿がとれにくくなります。
割ばしの先端が綿から出ないようにします。

舌の汚れ(舌苔)の除去

　食べかすや唾液、細菌によって破壊された細胞が口の中にあると、舌の表面全体に白っぽい苔のようなものが付着します。これらの汚れを舌苔（ぜったい）といい、正常な舌にはみられないものです。舌苔があると、味を感じにくくなり、口臭の原因にもなります。

　舌苔は無理に削りとってはいけません。歯ブラシで舌の奥から先に向かって何度も掻き出すようにブラッシングします。ガーゼで舌を水平方向に拭き取る方法もあります。

　舌を磨いた後は、必ずうがいをして汚れを吐き出させるようにしてください。

▼舌苔の除去

ガーゼで拭く場合

ガーゼを人差し指と中指に巻きつけ、ぬるま湯などで濡らして拭きます。

▼舌ブラシ

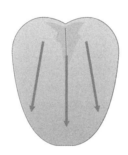

力を入れずに奥から手前にやさしく動かします。
乾燥している場合には水や保温剤で湿らせてから使います。
無理をせず数回に分けてとるようにします。

状態別口腔ケア

寝たきりの人の口腔ケア

　寝たきりの人の口腔ケアは特に誤嚥に気をつけます。可能なら側臥位、不可能なら仰臥位で、顔を横に向けてケアを行います。できれば自分でやってもらいましょう。介護者が行う場合は、舌根部や咽頭部を刺激すると嘔吐反射を起こしやすくなるため注意します。用心のために吸引装置の準備をしておくとよいでしょう。

麻痺がある人の口腔ケア

　上半身を起こせない場合は、側臥位または仰臥位で、健側を下にして行います。麻痺がある人は、感覚障害を伴っていることが多く、麻痺側に食物残渣があっても気づかないことがあります。歯ブラシは柄が太く、握りやすいものを選びましょう。嚥下反射・咳嗽反射機能（気道に空気以外のものが入らないようにムセ、咳が出る反射）が低下しているので誤嚥に対する注意が必要です。

認知症のある人の口腔ケア

　説明してもわからないからといって、強制的にケアを行うと、その後のケアが困難になります。口腔ケアを習慣づけるためには、ケア後の爽快感を体験してもらうとよいでしょう。時間を決めてケアすることも効果的です。

意識障害のある人の口腔ケア

　声をかけながらケアを行います。歯ブラシは、粘膜に当たっても傷をつけることがないよう、毛先の柔らかい、小さめのものを選びます。歯肉、粘膜、舌の汚れは綿棒で除去します。嚥下反射・咳嗽反射機能が低下している可能性が高いので、誤嚥に対する注意が必要です。

嚥下障害のある人の口腔ケア

　誤嚥による肺炎の危険性が高いため、口腔ケアは特に重要です。口腔内を刺激することで間接的な嚥下の訓練にもなります。体位は、ファーラー位またはセミファーラー位で健側を下にして横に向き、顎を少し引いた姿勢で行います。吸引器の準備は必須です。

口を開けてくれない人の口腔ケア

　実際に口腔ケア後の爽快感を体験してもらうことが一番です。口角部から歯ブラシを入れて、少しずつケアを行い、次第にその部位を広げていくようにします。

▼口を開けてくれない人の口腔ケア

水で濡らしたガーゼや
スポンジで唇にさわっ
てみます。

慣れてきたら、柔らかめ
の歯ブラシを使って
徐々にケアを行います。

経管栄養の人の口腔ケア

　口腔内が乾燥しているので、まず、含嗽剤やお湯を含ませた綿棒で口腔内を湿らせ、ブラッシングします。

　ケアの最後には、スポンジブラシやガーゼなどで口腔内を拭くようにして水分をとります。

　座位がとれる場合は少し前屈した姿勢で行い、とれない場合は顔を横に向け、顎を少し引いた姿勢で行います。介護者が行う場合は、ファーラー位またはセミファーラー位で行います。唾液が出ずに口腔内がいつも乾燥している人は耳下腺や顎下腺などの唾液腺をマッサージして唾液の分泌を促したり、濡れガーゼを挟んだマスクを使用したりして、乾燥を防ぎましょう。

▼耳下腺や顎下腺などの唾液腺マッサージ

耳下腺への刺激

耳の横を、親指以外の 4
本の指で後ろから前に回
すようにマッサージしま
す（10 回）。

顎下腺への刺激

親指を顎の内側から柔ら
かい部分に当て、耳の下
から顎の先まで 5 ヵ所ほ
ど順番に押します（各所
5 回ずつ）。

舌下腺への刺激

両手の親指をそろえ、顎
の真下から上にグッと押
します（10 回）。

4-03 市販浣腸器による浣腸

浣腸は、肛門及び直腸を経由して腸内に液体を注入して、便秘を治療したり、検査・手術前や出産時に備えて腸管内排泄物を除去する医療行為です。おもに、グリセリン液やクエン酸ナトリウムを使用します。

介護職の可能な浣腸

介護職の可能な浣腸は医師から処方されたもので、以下の条件を満たすものです。

- 挿入部の長さが 5 〜 6cm 以内であること
- グリセリン濃度が 50%であること
- 成人用は 40g 程度のものであること

浣腸は便秘症状緩和の応急措置です。浣腸による排便を数回行っても長期にわたって便秘症状が続く場合は、受診する必要があります。

浣腸の体位

左側臥位で膝を軽く抱える体位にします。左側臥位にするのは、解剖学的に浣腸液が腸内に浸透しやすく、たまりやすいからです。この体位は、介護者にとっても、肛門付近が見やすく適切な措置ができる体位です。

浣腸後、強力な便意の中でトイレまで歩くのはつらいので、できるだけトイレに近い場所で施行します。トイレが見えるほうが安心できます。

▼浣腸時の体位

ディスポーザブル浣腸の施行法

①あらかじめ、浣腸を行うことを本人に話しておきます。

②浣腸液を40℃（入浴湯温）程度の湯で温めておきます。

③左側臥位で膝を少し曲げた体位をとります。軽く口を開けて呼吸してもらい、肛門から挿入部をゆっくり入れます。挿入の深さは4～5cmとし、それ以上挿入しないように気をつけます。

※口を開けるのは、腹部や肛門に余計な力を入れさせないためです。挿入管がスムーズに挿入できるよう、浣腸液を少量出して濡らしておくか、潤滑剤を塗っておきます。いきなり挿入すると、痛みを与えるだけでなく、肛門を傷つけてしまう可能性もあります。

④挿入中に抵抗を感じたら少し引き抜き、再挿入するようにして4～5cm挿入したところで、ゆっくりと浣腸液を注入します。挿入が深すぎたり、注入の速度が速すぎたりすると、腸を傷つける可能性があり、浅いと肛門近くに浣腸液が注入されるため、十分な効果が現れる前に排泄してしまうことになります。

⑤注入後は、柔らかい紙を肛門に押し当て、浣腸器を抜き、そのままの体位で十分に便意が強まるまでしばらく我慢してもらいます。我慢している間に大腸の走行に沿って「の」の字に腹部をマッサージするとより効果的です。

⑥便意が十分高まったら、トイレへ誘導し排泄を促します。便意が強いため、排泄時に力みがちですが、肛門が傷つくのでできるだけ力を弱めて排便するよう促します。

4

介護職の可能な行為

4-04 パルスオキシメーター

パルスオキシメーターとは、プローブを指先や耳などにつけて、脈拍数と経皮的動脈血酸素飽和度（SpO_2）を計測する医療機器のことです。
呼吸器系疾患の早期発見、血中酸素量のチェックなどに使用されています。

介護職の可能な条件

介護職に許されているのは、新生児以外で入院治療の必要がない人に装着し、SpO_2 を確認することに限られます。

SpO_2と基準値

SpO_2 とは、「S」：saturation（飽和状態）、「P」：pulse（脈拍）、「O_2」：oxygen（酸素）の略であり、これを％で表示することによって簡単に血中酸素状況を把握し、健康状態をチェックすることができます。

▼基準値

SpO_2	状態
100 ～ 96％	正常
95 ～ 91％	やや不良
90％～	異常

〔注〕※健康な人はいくら走っても 95％以下にはなりません。
〔注〕※急性呼吸不全の場合は 90％以上でも救急車で運ばれるほどの呼吸困難な状態になりますが、慢性の場合は徐々に低酸素状態が進行するので、90％以下でも息苦しさを訴えない場合があります。

測り方と注意

- 外部の光は禁物です。室内の、陽が当たらない所で測ります。
- 柔らかい指先や耳たぶに挟んで測ります。
- 測る前に、血の巡りがよくなるように指を温めておきます。
- 振動があると、拍動を拾えないので、腕や指を動かさないようにします。
- 脈や呼吸が落ち着いた安静状態で測ります。
- 毎回同じ姿勢、同じ指で測ります。
- 酸素飽和度は人によって違います。ふだんの値を知っておくことが大切です。毎日の数値をメモにとり、どのぐらいの変動幅があるかを把握することが大事です。
- 電池切れに注意しましょう。

▼パルスオキシメーター

利点

- 簡単にどこでも測れます。強い息切れやチアノーゼなどになる前に、異常を早く知ることができます。
- 肺線維症などの人の酸素吸入量や運動量を決める目安になります。

4-05 経口薬の介助

経口薬とは、口から摂取する薬剤のことです。錠剤・散剤・顆粒剤・カプセル剤・シロップ剤などがあります。誤嚥の危険性の高い人の介助はできません。

経口薬の介助と工夫

口から摂取した薬は、消化管で吸収され、肝臓を通ってから血液によって身体全体に運ばれます。薬は徐々に肝臓で分解され、腎臓から体外に排出されます。高齢者は肝臓や腎臓のはたらきが衰えるため、薬の効果が出るまでに時間がかかったり、いつまでも体内に残ってしまうので、副作用が出やすくなります。

また、嚥下機能が衰えてくるので、薬を上手に飲み込むことが難しくなります。薬を飲む前に少量の水で口を湿らせたり、1錠ずつ飲むなど、飲みやすい方法を工夫する必要があります。

薬の飲み方

- 身体を起こした状態でコップ1杯以上の水か白湯で飲みます。
- 少量の水しか飲まないと、食道や胃に薬が貼り付いて潰瘍ができたり、胃の中で薬が十分溶けず効果が出なかったりします。
- 寝たきりの人でも、薬を飲ませる時には、無理をしない程度に身体を起こして飲んでもらうようにしましょう。
- 誤嚥をする可能性があるので、横から見た時、口の位置が耳の穴より必ず下になるまで顎を引きます。
- 薬の有効期限はきちんと守りましょう。

▼薬の飲み方

必ず口の位置が
耳の穴より下に
あること。

注意事項

● 医師に指示された用法と用量をきちんと守ることが重要です。

● 飲み忘れたからといって、2回分を一度に飲んだり、時間を空けずに続けて飲んだりすることがないようにします。

● 薬には有効期限があります。その日までに使い切ることが大切です。

● 症状がなくなったからといって、自己判断で使用を中止したりしてはいけません。

● 頓服薬をいつまでも保管したり、他人と薬をやり取りすることは絶対に避けてください。

● 薬と食品の相互作用に注意することが必要です（P.263参照）。

● アルコールは糖尿病治療薬、催眠剤、精神安定剤などの効果を強めることがあるので、併用を避けるようにしましょう。

- 飲みにくいからといって、むやみに砕いたりつぶしたりしないようにします。

  ⇒飲みやすい散剤などに変更したり、薬の作用に影響がなければ、錠剤を粉砕したりカプセルを外してもらえることもあるので、医師、薬剤師に相談してください。

  ⇒唾液で溶かして服用する口腔内崩壊錠という錠剤も開発されています。

- 薬の保管方法には、室温保存と冷蔵保存があります。室温保存の場合は直射日光と湿気を避けて保管してください。冷蔵保存の場合は冷蔵庫に入れ、食品などと区別して保管してください。

- 副作用が疑われる時は、すぐに医師や看護師に連絡してください。
- 複数の医療機関や調剤薬局を利用している場合や介護サービス利用時は「お薬手帳」を活用しましょう。

  ⇒副作用が心配な場合は、依頼すれば薬の重複や相互作用など危険がないかを調べてもらうことができます。セイヨウオトギリソウ(セントジョーンズワート)はリラックス効果のあるハーブとして知られており、最近そのエキスを含む健康食品が販売されています。この成分は強心剤、免疫抑制剤、喘息治療剤などの肝臓での分解を促進し、薬の効果を抑えることがあります。ハーブやサプリメントを摂取する時も薬剤師に相談しましょう。

▼薬の服用時間

	服用時間	おもな薬の種類
食前	食事を食べ始める 30 分ぐらい前	食道や胃の粘膜保護薬、消化液分泌促進薬など、漢方薬
食直前	食事を食べ始める直前	血糖降下薬など
食直後	食事を食べ終わった直後	消化器に負担をかけやすい薬 酸性で効果を発揮する薬 鎮痛・解熱薬など
食後	食事を食べて 30 分後	一般的な内服薬
食間	食後 2 時間ぐらい経ってから	胃腸壁に直接作用させたい薬、漢方薬、胃粘膜保護薬、制酸薬など
起床時	起床後、食事をとる前の空腹時	骨粗鬆症治療薬
就寝前	寝る前（布団に入ってから）	睡眠薬、精神安定剤、下剤など
時間薬	指示された時間通り	血中濃度を一定にする必要のある抗菌薬、抗ウイルス薬など
頓服	症状がある時	鎮痛薬、解熱薬、下剤など

▼薬と注意すべき相互作用を起こす食品例

ワーファリン（血液抗凝固剤）	納豆・クロレラ
降圧剤・カルシウム拮抗剤、抗がん剤（イレッサ）、高脂血症治療薬のリポバス、睡眠薬のハルシオン	グレープフルーツジュース（100％濃縮還元ジュースも）
抗生物質の一部	牛乳・ヨーグルト
抗結核薬（イソニアジド）	赤身の魚、チーズ、ワイン

4

介護職の可能な行為

4-06 軟膏薬・湿布薬の介助

軟膏薬は、ワセリンなどの基剤の中に分散させた、皮膚などに塗布して用いる半固形の製剤です。湿布薬は、液体の薬品が布に塗布されているもので、患部に貼り付けて使用するものです。

介護職の可能な介助

医師から処方された軟膏の塗布を行うこと（褥瘡の処置を除く）と湿布を貼ることは、医療行為に当たらない行為です。

軟膏の基本的な塗り方

軟膏の塗り方には、単純塗布法、重層療法、密封療法があります。

①単純塗布法

軟膏を指腹でとり、すりこまないように患部に薄く塗布します。大人の人差し指の先端から第一関節までの量を、大人の両方の手のひらの広さにのばすのが目安です。

▼塗る量の目安

軟膏

②重層療法

軟膏を単純塗布した上に、ワセリンや亜鉛化単軟膏などを重ね塗りします。重層後、ガーゼやリント布で覆うのが一般的です。

③密封療法

患部に厚めに軟膏を単純塗布し、その上から食品用ラップなどのポリエチレンフィルムで覆ってから絆創膏で密封します。

湿布薬の効果的な貼り方

- 患部を清潔にした後、よく乾燥させます。
- 患部の大きさに応じてやや大きめに切り取り、プラスチック膜をはがしてから しわが寄らないように注意して貼ります。皮膚の動きに湿布薬がフィットしな いと摩擦が起き、その物理的刺激によってかぶれを助長させるので、密着しや すいようにあらかじめ切れ込みなどを入れておくとよいです。
- 貼付直後は、手のひらで 10 〜 15 秒程度押しつけ、密着させます。
- 通常、1 日に 1 〜 2 回貼り替えますが、指示された枚数を守ります。

▼湿布薬の貼り方

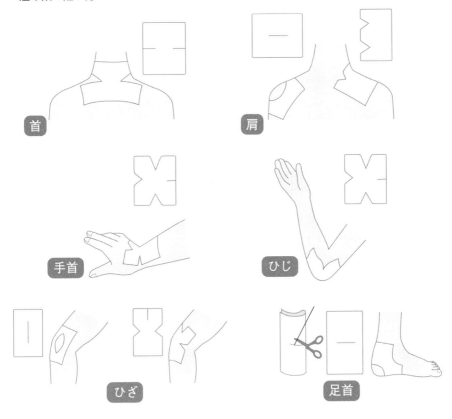

首　肩　手首　ひじ　ひざ　足首

4

介護職の可能な行為

4-07 点眼薬・点鼻薬・坐薬の介助

ここでは、点眼薬・点鼻薬・坐薬の服薬介助を説明します。

点眼薬と点鼻薬、坐薬の基本

目薬のことを点眼薬といいます。アレルギーや疲れ目などの他、高齢になると白内障などの目の病気で使用することも増えてきます。

点鼻薬とは鼻腔に直接スプレーする薬剤のことで、おもに花粉症などのアレルギー性鼻炎の時に使用するものです。

坐薬は、肛門から入れる薬のことです。粘膜から吸収されて薬の効果が発揮されます。肛門からの出血の可能性など、専門的な配慮が必要な場合ではないことが介助の条件になります。

点眼薬

- 汚染を避けるため、手を石けんでよく洗います。
- 容器がまぶたやまつげに触れないように注意します。
- 下まぶたを軽く引き、1回1滴さします。1滴で十分です。
- 右か左か、1日何回使用するかなども治療に影響するため、医師の指示通りに点眼します。
- 点眼後は、まぶたを閉じ、まばたきをせずに1〜2分間目をつぶります。
- 目からこぼれた液は清潔なタオルやティッシュなどで拭き取ります。
- 複数の点眼薬をさす場合、続けて行うとそれぞれの濃度・量とも吸収できないので、10分程度の間隔を空けます。
- 他人の点眼薬は絶対に使用しないでください。目の病気がうつる可能性があります。

● 茶色やオレンジ色の袋に入れてある薬は必ずその袋に入れて冷蔵庫に保管します。

● 使用開始時に、容器に日付を記入しておくとよいでしょう。開封した目薬の有効期限は約 1 か月です。

▼点眼薬の介助

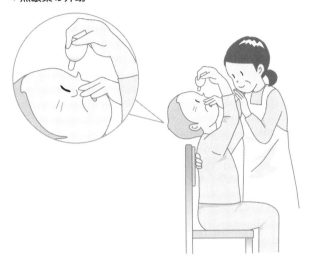

点鼻薬

● 軽く鼻をかんでもらいます。

● 汚染を避けるため、手を石けんでよく洗います。

● 片方の鼻腔をふさぎ、もう一方の鼻腔内に容器の先を入れ、滴下します。

● 滴下後は、薬液を鼻の奥までいきわたらせるために、頭を後ろに傾けた状態で数秒間、口で静かに呼吸をします。

● 必ず医師の指示に従い、1 回の使用量、1 日の使用回数、使用日数を守ってください。

● 他人の点鼻薬は絶対に使用しないでください。

▼点鼻薬の介助

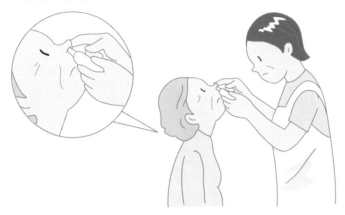

坐薬

- 一般的に飲み薬よりも効果が早く現れます。
- 吐き気がある時など、口から薬を飲めない時にも使用することができます。
- 坐薬を入れる前に手を洗い、手袋をはめます。
- 左向きになり、口呼吸をしてもらいます。
- 坐薬を持ち、太いほうから、肛門の奥へ入れますが、無理に押し込まず、4 〜 5cm の深さで挿入するようにします。
- 坐薬挿入後は、ティッシュの上から 1 〜 2 分、強めに押さえます。
- 坐薬が入りにくい場合は、坐薬の先端を少し水で濡らしたり、ベビーオイルをつけたり、手で温めて入れやすくします。
- 温度によって柔らかくなるものもあります。冷所（冷蔵庫）保存の坐薬もあるので注意が必要です。
- 肛門に異常がある人の坐薬挿入は、介護職は行えません。

▼坐薬の介助

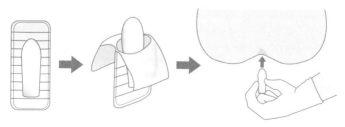

切り傷・やけどの処置

　切り傷ややけどは、生活する上で頻繁に起こる事故です。高齢になると皮膚が薄くなり、切り傷は治りにくく、やけどは重症化しやすいため適切な処置が必要です。

　介護職に許されるのは、切り傷や刺し傷などでは消毒や絆創膏を貼るといった軽微なものです。

切り傷・すり傷

- すり傷や切り傷で、泥や砂で傷口が汚れている時は、きれいな水（水道水でよい）で十分洗います。
- じわじわと出血している場合などは、傷口をきれいにしてからガーゼか清潔なハンカチなどで圧迫して止血します（できればタオル以外の素材）。
- 刺し傷の場合、傷口が汚れていたら水でよく洗い、とげなどの小さなものはとげ抜きなどで抜きます。大きなものは栓となって出血を止めていることがあるため、抜かずに病院へ行きます。
- 病院受診の目安：手のひら以上の擦り傷や、深くて長さが1cm以上の傷、木の枝や錆びた釘などでの刺し傷、5分圧迫しても出血が止まらない時など。

出血している場合

- 素手ではさわらないようにします
- 手袋をはめ、ガーゼや清潔なハンカチなどを当てて、体重をかけるようにして傷口を圧迫して止血します。
- 5分ほど圧迫しても止血しない時は、病院受診。

▼直接圧迫止血法

鼻血

- ガーゼを詰め、鼻を押さえて下を向きます。ティッシュや綿は詰めないようにします。
- 繰り返し鼻血が出る時は、耳鼻科を受診するようにします。

やけど

- 小さいやけどの場合は、すぐ流水で冷やします。
- やけどをした部分には勢いよく流水をかけないようにします。
- 患部が冷たくなり、痛みを感じなくなるまで冷やします。
- 顔や体の場合や流水がかけられない場合は、濡れタオルに氷を包んで当てたり（直接氷を当てないように注意）、タオルを水で濡らして患部を包みます。

▼やけどの処置

- 水ぶくれができた場合は、破れないように気をつけます。
- 水ぶくれが破れた時は、医療職に報告し、処置してもらいます。
- 衣服の上からやけどをした時は無理に脱がさず水をかけて冷やします。
- 広範囲をやけどした時は、流水で冷やすと体温が下がりすぎるので濡れたシーツで覆います。その上から毛布で保温します。

広範囲にやけどをした時は、
濡れたシーツなどで覆います。

● 体表面積の20%をやけどすると、生命の危険が高まるため、すぐに受診してください。

▼やけどの症状と手当て

	症状	手当て
第1度	・ 皮膚が赤くなっている ・ ヒリヒリする痛みがある	・ きれいなタオルなどを当てて、水道水で痛みがなくなるまで冷やす ・ 赤くなった部分は、こすらないように注意する（ガーゼ保護などは必要なし）
第2度	・ 皮膚が赤く腫れぼったくなり、部分的に水ぶくれができている ・ 焼けるような強い痛みと、熱感がある ・ やけどの深い部分は、痛みや皮膚にさわった感じがはっきりしない、またはわからなくなる	・ きれいなタオルなどを当てて、水道水で痛みがなくなるまで冷やす ・ 水ぶくれの部分は、つぶさないように消毒したガーゼを当て、ガーゼの上から冷水に浸したタオルなどを当てて冷やす ・ 範囲が広い時は、早急に医師の診察・治療を受ける

4

介護職の可能な行為

4-09 ストーマパウチの排泄物除去

　ストーマとは、消化管や尿路の疾患などにより、腹部に便または尿を排泄するために造設された排泄口のことです。

ストーマの種類

　介護職が行う「医行為ではない行為」の１つに、ストーマ装具のパウチにたまった排泄物を捨てることがあります。ストーマには大きく分けて消化管ストーマと尿路ストーマがあり、消化管ストーマは人工肛門、尿路ストーマは人工膀胱と呼ばれます。

▼ストーマ装具の例

ツーピース装具

フランジ

クリップ
（パウチの排泄口を止める）

パウチ

組み立てた図

中の空気を抜き、排出口を折りたたんでクリップで止めます。

ワンピース装具

袋と面板が
一体化している

ストーマに合わせて穴をあけるタイプです。
パウチがはがれた時は、皮膚に異常がない
場合、貼り替えます。

排泄物除去の手順

　排泄物の捨て方は、病院で指導されているのでその方法を確認しておきます。以下は一般的な方法です。

①使用している人に配慮し、においが充満しないように換気をし、手袋をつけます。あらかじめ、③で使うペーパーを用意しておきます。

②ストーマ袋のクリップ（または輪ゴム）を外し先端に便がつかないよう外側に折り返して便を便器に捨てます。

③ストーマ袋先端に付着した便をトイレットペーパーや濡れティッシュなどで拭きとります。

④ストーマ袋の先端を元の状態に戻し再びクリップで閉じます。

　※操作に不慣れだったり、便が軟らかい時は、処理した便が飛び散ることがあります。注意深く行いましょう。

▼排泄物除去の手順

ストーマの先端を外側に折ります。

押し出して便器に捨てます。

付着した便を拭き取ります。

4

介護職の可能な行為

4-10 自己導尿補助

自己導尿とは、カテーテルを自分で尿道から膀胱に通して、定期的に尿を排出することです。排尿困難の治療に改善がみられない場合に行います。

介護職に可能な範囲

介護職に許されているのは、自己導尿補助のため、カテーテルなどを準備することと体位を保持することに限られます。自己導尿を行うのは、利用者およびその家族です。

自己導尿補助のポイント

自己導尿の際は、感染しないように必ず手や指を清潔にして行います。使用する器具などの取扱いには尿路感染を起こさないよう留意します。導尿方法は、利用者本人や家族が医療職から直接指導を受けていますので、介護職はカテーテルの準備や体位の保持を行います。

導尿方法

①手指を洗う、または清浄綿でよく拭きます。

②衣類を下げて導尿しやすい姿勢をとります。

③【男性】片手でペニスを身体に対して直角になるように持ち、尿道口を清浄綿で消毒します。

【女性】片手で陰唇を広げ、もう一方の手で尿道口から下向きに（前から後ろへ）清浄綿で消毒します。

④カテーテルを準備します。必要な場合はカテーテルの先端部分に潤滑剤をつけます。

⑤カテーテルを静かに尿道口に導入します。

　【男性】15 ～ 20cm

　【女性】4 ～ 6cm

　※リラックスして口から深呼吸し、排尿することをイメージしながらカテーテルを挿入します。

⑥カテーテル挿入後、尿器に排尿します。

⑦排尿し終わったらカテーテルをゆっくり引き出します。

⑧使用後は水道水でカテーテル内外を洗い、消毒液の入ったケースに戻します。

▼導尿に必要な物品

4　介護職の可能な行為

4-11 爪切り

爪には指先を保護する役割があります。また、爪があることにより物がつかめるため、細かい作業が可能となります。また足指の爪は踏ん張る力の助けになります。

介護職の可能な介助

介護職に許されているのは、①爪そのものに、巻き爪、白癬による肥厚・変形がなく、②爪の周囲の皮膚に化膿や炎症がなく、③糖尿病などの疾患に伴う専門的管理が不要の場合に、爪切りで切ることと爪やすりでやすりをかけることに限られます。

高齢者の爪は硬くなっていたり、変形していたりと爪を切ることが困難な場合がありますが、きちんとケアをすることで巻き爪や陥入爪などの予防ができます。

足の爪の切り方

- 爪と指の間を広げます。
- 爪と指の間に爪切りをそっと差し込み、爪を切ります。
- ハサミ型タイプの爪切りや、ニッパ型の爪切りは、厚い爪を切るのに便利です。

- 硬くて切りにくい爪は、入浴後やお湯で温めると切りやすくなります。
- 巻き爪にならないように、角は丸く切らずにまっすぐ切ります。

▼爪の切り方

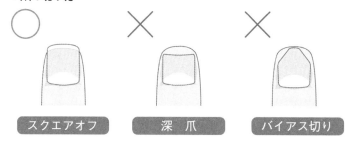

| スクエアオフ | 深　爪 | バイアス切り |

爪の構造

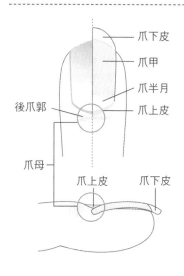

▼爪の構造と名称

名称	説明
爪甲	一般的に「爪」と呼んでいる、板状の硬い部分
爪郭、後爪郭	爪甲の周りを囲んでいる皮膚。後爪郭は、根元の部分の上を覆っている皮膚
爪母	爪甲をつくっているところ
爪半月	付け根のほうにある乳白色の三日月の部分
爪上皮	甘皮のこと。爪甲の上に伸びている半透明の角質
爪下皮	爪が伸びてくると指より先に不透明な部分があり、その裏側の角質で覆われている部分

意識障害の確認法

　意識障害には、適切な処置ですぐに回復するものから、生命の危機のあるものまで、さまざまなレベルがあります。身体的な原因だけでなく、激しい精神的ショックから意識障害を起こすこともあります。

意識レベルを確認

- [ ] 名前を呼んで、返事を求める
- [ ] 手の甲を軽く叩く。離握手（手をギュッと握ったり、離したりすること）の指示を出す
- [ ] 爪を強く圧迫する、または、皮膚の柔らかい部分をつまむなどして、痛みの刺激を与えて、反応をみる

▼意識レベルの確認

❶ 名前を呼んで、返事を
求める。

❷ 手の甲や肩を軽く叩く。

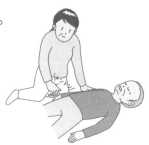

["

その他、観察のポイント

次の項目を観察、確認しましょう。

- ☐ 頭痛　　☐ 胸痛　　☐ 腹痛　　☐ 嘔吐
- ☐ 腫れ・変形(腫脹)　　☐ けいれん　　☐ 麻痺
- ☐ 筋力低下　　☐ 脱力　　☐ よだれ　　☐ 外傷
- ☐ 出血　　☐ 話し方　　☐ 顔色　　☐ 表情
- ☐ 口腔内に異物はないか　　☐ 姿勢　　☐ 前駆症状の有無
- ☐ いつ、どこで、どのように起きたのか
- ☐ きっかけとなる出来事(長風呂、便秘など)
- ☐ 生活習慣に変化などはなかったか

判定結果と対応

	意識レベルの判定結果	対応
I	声をかけなくても目を覚ましており、受け答えがはっきりとしている(意識障害なし)	①衣服・ベルトなどをゆるめて、呼吸を楽にする ②枕を外し、頭を低くして、あおむけに寝かせる ③体(特に手足の指先)が冷たい時は、毛布などをかけて保温する ④医師の指示を受ける
II	目を覚ましてはいるが、受け答えがあいまい。返答が緩慢。間が空く(軽い意識障害)	①義歯を外す(指を噛まれないよう注意する) ②嘔吐物でのどを詰まらせないよう、顔を横に向け、気道を広げる(気道の確保) ③応援を呼ぶ(その場を離れず看護師を呼ぶ、または呼んでもらう) ④バイタルサインのチェックをする ⑤呼吸・脈がない時は、ただちに人工呼吸と心臓マッサージを行う ⑥医師から指示を受け、対処する ⑦体(特に手足の指先)が冷たい時は、毛布などをかけて保温する
III	声をかけたり、刺激を加えたりした時だけ、目を覚ます(明らかな意識障害)	
III	指示に関係なく手足を動かすだけで、目を覚まさない(昏睡状態)	
III	まったく反応しない(深い昏睡状態)	

4-13 気道の確保

意識レベルを確認し、呼吸を確認したら、安全な場所で横にして、気道の確保を行います。

気道確保の注意点

気道を確保する際は、肩の下にバスタオルなどを入れ、頭を低くし、顔をのけぞらせるようにして、顎を上げるようにします。枕をして寝ている場合は枕を外します。

▼気道を確保する方法

意識障害や呼吸停止になると舌が落ちこみ気道を塞いでしまいます。
（舌根沈下）

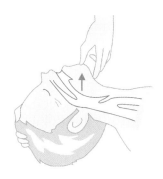

顔をのけぞらせる（頭部後屈）と顎先が上がって（顎先挙上）のどの奥が広がります。

頚部を十分に伸ばします。

4-14 異物を取り除く（誤嚥・窒息）

誤嚥で怖いのは、気道が塞がって窒息してしまうことと誤嚥性肺炎です。高齢者に多いのは食事中の誤嚥です。食事中に苦しそうな仕草がみられたら、一人で対処しようとしないですぐに応援を呼びましょう。

観察のポイント

- [ ] 呼吸は正常か。ゼイゼイと音がしないか
- [ ] 咳こみはあるか
- [ ] チアノーゼの有無（顔色、唇の色、爪の色を観察）
- [ ] 何を、どのようにして詰まらせたのか確認（誤飲の場合は、何を飲んだかで対応は異なります）

対処の方法

- できるだけ大きな咳を続けてもらいます。
- 咳で異物が出てこない場合は、①背中を叩くか、②胸腹部に圧迫を加える、などを行い、効果がみられない時は、救急車を要請します。

▼対処の方法

① 背中を叩く（背部叩打法）

●座位

上腹部をかかえこみ左右の肩甲骨の間を続けて叩きます。

頭をできるだけ低くします。

●臥位

肩を支えながら、左右の肩甲骨の間を続けて叩きます。

横向きにして、顎を前に突き出すようにします。

② 胸腹部に圧迫を加える（ハイムリック法）

●立位　頭をできるだけ低くします。

腕の位置と組み方

上腹部に瞬間的に力を入れて、介助者の体に向かって強く絞り出します。

❸口の中の異物をかき出す

口をあける時は、親指を上歯に人差し指を下歯にあて、ひねってあけます。
指にカーゼや布などを巻いてかき出します。奥に押し込まないように注意しましょう。

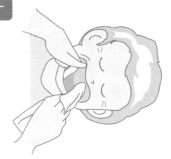

全部とりきれたと思っても、状態観察を怠らないようにしましょう。

4-15 一定の条件下で介護職が行える行為

2011年6月に成立した改正介護保険法および同年11月11日付通知社援発1111第1号により、それまでは医行為とされ介護職が行うことのできなかった痰の吸引と経管栄養の2つの行為が、一定の条件下で介護職が実施可能となりました。ここでは、その2つと褥瘡の処置について説明します。

介護職ができる痰などの吸引の範囲

介護福祉士などは、口腔内・鼻腔内は咽頭の手前まで。気管カニューレ挿入の場合は気管カニューレ内部。

- 医師の指示書の確認
- 必要物品の準備
- 利用者への説明
- 口腔内の吸引と観察
- 看護職への報告
- 後片付け
- 施行時間や施行者名の記録

介護職ができる経管栄養の管理の範囲

　胃ろう・腸ろうにおいては問題がないことの確認を、経鼻経管栄養の場合には栄養チューブが正確に胃の中に挿入されていることの確認を、医師または看護職にしてもらってから行えます。

- 医師の指示書の確認
- 必要物品の準備
- 栄養剤の注入
- 栄養剤の注入中の定期的な観察
- 注入後に微温湯（白湯）などを注入し、チューブ内の栄養剤を流す（フラッシュ）
- 看護職への利用者の栄養剤注入中および注入後の状態報告
- 後片付け
- 施行時間や施行者名の記録

4

介護職の可能な行為

一定の条件下とは

　すべての介護職がこれらを実施できるわけではありません。看護職との連携のもと、喀痰吸引等事業者の登録のある事業所での就業、研修を受けるなど、承認された者だけが実施することができます。

痰の吸引

口腔内にたまっている唾液や喀痰などの不必要な分泌物を体外に自力で排出できない時に必要な行為が吸引です。カテーテルをつないだ吸引装置を使って、痰を吸い出します。吸引および次項の経管栄養は特に医師の指示書が重要で、医療職との連携のもとに行うべき行為です。

痰の吸引の手順

事前の準備と利用者への説明

①医師の指示書を確認します。

②事前の準備：手洗い、手袋の使用などで感染を予防します。

▼必要物品

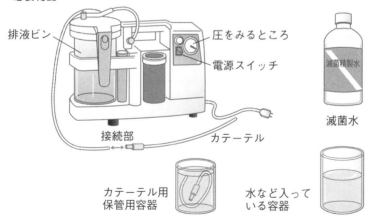

③利用者への説明：利用者の状態に合わせたコミュニケーションをとり、同意を得ます。

▼吸引前には毎回必ず利用者の同意が必要

口腔の場合

①口腔内の観察
- 口腔内を観察し、吸引をしなくても咳などで痰を出せるかどうかを確認します。
- 痰が口腔内まで上がってくれば、スポンジブラシやティッシュなどで拭き取ってかまいません。
- 咳で出せそうであれば、まず、咳などをしてもらいます。
- それでも痰が出せない場合に、吸引を実施します。

②吸引の実施
- 手袋（使い捨て）をはめます。
- 吸引器に吸引カテーテルを保管容器から出してつなぎます。
- 吸引器を作動させ、カテーテルの圧力を確認します。吸引圧は、医師の指示にある吸引圧（概ね 20kpa 程度）に設定します。
- 吸引カテーテルの外側を洗浄綿で拭き、水（水道水）を吸わせて流します。
- 口腔内に挿入する時は、カテーテルを折って圧がかからないようにして入れます。
- カテーテルを回転させながら、同一部所に圧がかかり続けないよう注意して、吸引を開始します。
- 吸引中は、顔色や呼吸を観察します。
- 吸引した痰の性状や量を観察します。
- 本人の状態を確認し、記録します。

▼痰の吸引

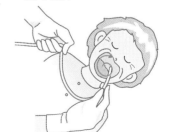

4

介護職の可能な行為

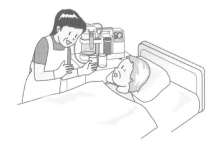

③使用後のカテーテルは、アルコール綿などで接続部から先端に向けて一方
　向によく拭き取った後に水を吸わせてカテーテル内をよく洗浄します。ス
　イッチを切って、カテーテルを接続部から外し、消毒液に浸します。

▼終了後の処置

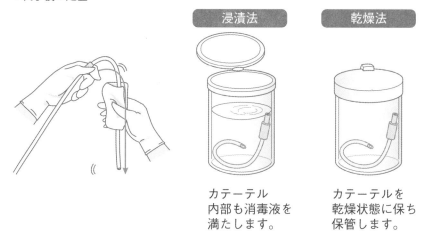

浸漬法	乾燥法
カテーテル内部も消毒液を満たします。	カテーテルを乾燥状態に保ち保管します。

④汚物はビンがいっぱいになる前に捨て、ビンを洗浄します。

⑤手袋を外し、よく手を洗います。

気管カニューレ内部の場合

▼気管カニューレの構造と吸引の様子

気管カニューレから吸引カテーテルを入れて吸引しますが、カテーテルが
気管カニューレからはみ出さないよう注意します。

①事前の準備：手洗い、手袋の使用などで感染を予防します。

②利用者への説明：利用者の状態に合わせたコミュニケーションをとり、同
　意を得ます。

③カテーテルをつなぎ、吸引器のスイッチを入れます。

④カテーテルは挿入する前に滅菌精製水を流します。

⑤吸引圧を確認し、医師の指示にある吸引圧（概ね20kpa程度）、吸引時
　間内で吸引します。

⑥吸引の実施
- カテーテルを半分に折って、少し圧をかけながら、カテーテルをカニューレ内
　へ挿入します。
- 気管カニューレからはみ出さないように挿入の深さに注意し、吸引圧をかけて
　吸引を開始します。
- 1回の吸引時間は、10〜15秒以内に行います（医師の指示通りの時間内で行
　う）。
- 吸引中は、顔色や呼吸を観察します。

4

介護職の可能な行為

- 吸引した痰の性状や量を観察します。
- 本人の状態を確認し、記録します。

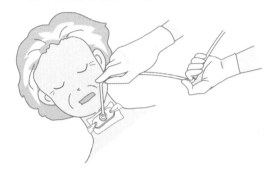

⑦使用後のカテーテルはアルコール綿などで拭き取った後に水（水道水）を吸わせてカテーテル内をよく洗浄します。スイッチを切って、カテーテルを接続部から外し、基本的には使い捨てとします。

⑧汚物はビンがいっぱいになる前に捨て、ビンを洗浄します。

⑨手袋を外し、よく手を洗います。

▼実施のプロセス

状況	ステップ	看護職員のみ実施可	看護職員と介護職員の協働により実施可
（1）入所時または状態変化時	1 安全管理体制確保	・口腔内および全身の状態を観察し、吸引の必要性を確認する	対象者の状態に関する情報共有と報告・連絡・相談などの連携を図る
		・看護職員として、介護職員で協働して実施できるか、看護職員のみで実施すべきか、医師の指示をもとに対象者を判断する	
（2）毎朝または当該日の第1回目実施	2 観察判断	・口腔内および全身の状態を観察する	
		・医師の指示、対象者の状態から、吸引の必要性、看護職員と介護職員の協働の可能性を確認する	

状況	ステップ	看護職員のみ実施可	看護職員と介護職員の協働により実施可
（3）当該日の第2回目以降緊急時は（2）の確認を行う	3 実施準備		①必要物品を準備し、対象者のもとに運ぶ
	4 ケア実施		②対象者に吸引の説明を行い、環境を整備する
			③再度実施者により口腔内を観察する
			④吸引を実施する
	5 結果確認		⑤対象者の状態を観察し、ケア責任者に報告する
	6 片づけ		⑥排液ビンが70〜80%になる前に排液をすてる
			⑦使用物品を速やかに片づける
	7 評価記録		⑧施行時刻、施行者名などを記録する

〔注〕白井孝子『改訂　介護に使えるワンポイント医学知識』（中央法規出版）P.144-145 より

4

介護職の可能な行為

経管栄養

長期間にわたり、口から食べることが困難になった人に対して、お腹に小さな穴を開け、チューブを通して直接、流動食や水分、薬を入れる方法をPEGといい、鼻から胃までチューブを挿入して栄養を注入することを経鼻経管栄養といいます。

経管栄養の種類

経管栄養法には、胃ろうの他、鼻腔や口腔からチューブを通す鼻腔栄養、十二指腸などから栄養を入れる腸ろうがあります。経管栄養は、チューブが確実にセットされていることを看護師が確認してから行う必要があります。

▼ PEG カテーテルの種類と特徴

	ボタン型	
バルーン型	長所：交換が容易・目立たず動作の邪魔にならない・交換時の痛みが少ない 短所：交換時期が短い（月1回が目安） ・週1回バルーン内の蒸溜水の入れ替えが必要 ・バルーンが破損し、抜去することがある ・栄養投与時に専用の接続管が必要	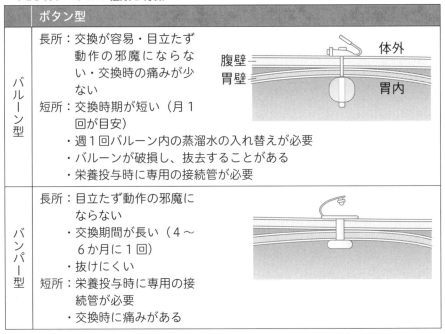
バンパー型	長所：目立たず動作の邪魔にならない ・交換期間が長い（4〜6か月に1回） ・抜けにくい 短所：栄養投与時に専用の接続管が必要 ・交換時に痛みがある	

▼胃ろうの構造

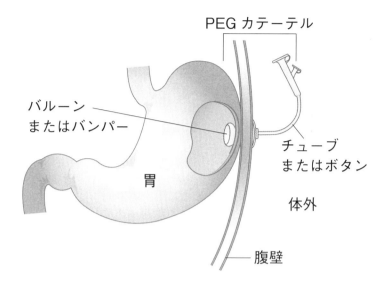

PEG カテーテル

バルーン
またはバンパー

胃

チューブ
またはボタン

体外

腹壁

4

介護職の可能な行為

チューブ型

長所：交換が容易・栄養投与時の接続が
　　　容易・交換時の痛みが少ない
短所：交換時期が短い（月1回が目安）
　　・週1回バルーン内の蒸溜水の入れ
　　　替えが必要
　　・チューブが体表に出ているため自
　　　己抜去されやすい
　　・チューブ内部が汚染されやすい

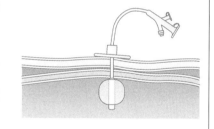

長所：交換期間が長い(4〜6か月に1回)
　　・抜けにくい
短所：チューブ内側が汚染されやすい
　　・交換時に痛みがある
　　・チューブが動作の邪魔になりやす
　　　い

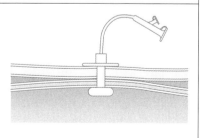

▼胃ろう手術の手順（参考）

1.

口から内視鏡を挿入し、空気を胃に送り込んで胃を十分に膨らませます。

2.

ガイドワイヤー

スネア

腹部を切開後、ガイドワイヤーを胃内に挿入し、スネアでつかみます。

3.

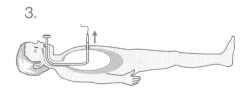

ガイドワイヤーを口から出し、胃内に留置するカテーテルチューブをしっかり結んだ後、ガイドワイヤーを引っ張って、カテーテルチューブを腹部から引き出します。

4.

再び内視鏡を挿入し、カテーテルがしっかり留置されているか確認します。

5.

ストッパー

ストッパーを装着して終了です。

介護職の行う手順

　介護職員が経管栄養を実施するには、一定の条件を満たす必要があります。経管栄養は医療行為なので、研修を受けずに実施すると違法になります。

- ●「喀痰吸引等研修」「医療的ケア」を修了し、実地研修を修了する
- ●「認定特定行為業務従事者認定証」の交付を受ける
- ●「登録事業者」の登録を受けている施設に勤務する
- ● 事業所のマニュアルに沿った手順を看護職員から指導を受ける。

①医師の指示書を確認する。

②事前の準備：手洗い、手袋の使用などの感染予防。

③必要物品の準備

- ● 栄養剤は常温で使用します。冬場で冷たすぎる時は人肌程度に温める場合もあります。
- ● イルリガートルに接続チューブを連結し、クレンメを閉じてボトルに栄養剤を入れます。
- ● クレンメを開いて、接続チューブ内に栄養剤を満たします。この時、先端が不潔にならないように注意します。

▼胃ろうの必要物品

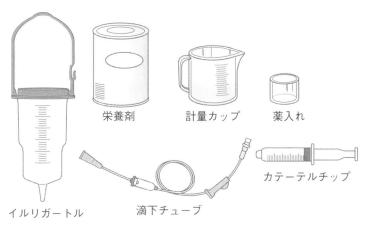

イルリガートル　　栄養剤　　計量カップ　　薬入れ　　カテーテルチップ　　滴下チューブ

4

介護職の可能な行為

④利用者に関する準備

- トイレ誘導、オムツの確認（オムツ交換）。
- 本人の様子をみて、30 度～座位にギャッジアップ。

▼利用者に関する準備

30 度～座位

⑤胃ろうカテーテルの確認

看護職が確認し、注入可能か判断したのち、介護職が栄養剤を注入。

- 看護職は利用者の胃腸、鼻および全身の状態を観察し、介護職の実施が可能かどうかなどを確認する。
- 本人の状態観察。

⑥栄養剤の注入

イルリガートルをスタンドにかけ、栄養チューブ（滴下チューブ）の先端を、清潔に注意して PEG の接続部にセットします。

- クレンメを開けて滴下速度を確認しながら、注入を開始します（1mL≒15 滴として計算→ 350mL × 15 滴÷ 60 分 =87.5 滴／分）。

▼胃ろうカテーテルの確認

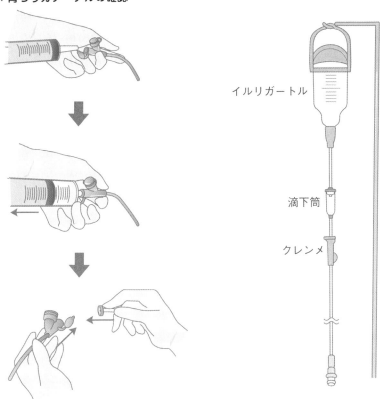

イルリガートル

滴下筒

クレンメ

⑦注入中の状態の観察
- 嘔吐がある場合などは、注入を中止し、看護師に連絡します。
- PEG から栄養剤などが漏れている場合は、すぐに看護師へ連絡します。

▼注入中の状態の観察

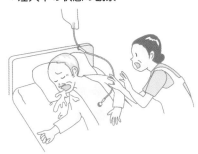

⑧微音湯でのフラッシュ

- 栄養剤の注入が終了したら、微温湯を入れたカテーテルチップをつないで、20〜30mL の微温湯でフラッシュします。

▼フラッシュの手順

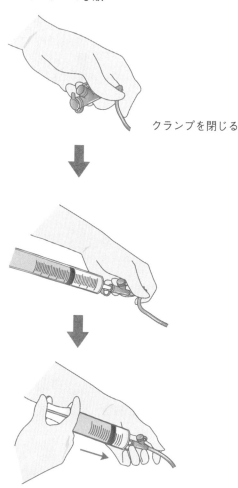

クランプを閉じる

⑨体位の保持

- 指示があれば、体位変換を再開します。
- 逆流や嘔吐を防止するため、食後 30 分〜 1 時間程度、ギャッジアップした状態のままでいます。

⑩使用物品の片付け

⑪施行時刻・施行者名の記録・報告

▼胃ろう実施のプロセス

準備	医師の指示を確認する。 対象者の記録を確認し、前回の実施時の様子を確認する。 その後、対象者の様子に変化があれば、看護師などの医療職へ報告をする。 問題がなければ、必要物品の準備に移る。 栄養剤の種類・量・白湯の量などは対象者ごとに異なる。
実施	準備が完了したら、必要物品を対象者のもとに運ぶ。 本人に経管栄養を始めることを告げる。 ＜注入の開始・観察＞ ・体調に異常はないか ・栄養剤に漏れはないか ・注入速度は適当か 注入速度は、1時間あたり200mLぐらいの速さが一般的。 速すぎると、嘔吐や喘鳴、呼吸障害やダンピング症状（下痢や頻脈）を起こす可能性あり。 注入速度は医師の指示を必ず守る。
終了	注入が終わったら、白湯を注入し、接続チューブを外す。 終了後も吐き気や嘔吐がないか観察する。
片付け・記録	対象者の体調に変化がなければ、使用物品を片付ける。 その後、注入時間、栄養剤の量、体調の変化などの必要事項を記録する。 施行時刻と施行者名を記録する。

4

介護職の可能な行為

日常の介護のポイント

- なんといっても口腔ケアは、欠かせません（嚥下体操、口唇、舌、頬のマッサージなどを含む）。
- 口から食べられないことに対するストレスへ配慮しましょう。
- PEG カテーテルを自分で抜いてしまわないように、腹帯やガーゼで覆うなどの工夫をしましょう。
- 入浴時は、通常通りに体を洗って大丈夫です。PEG 周辺の皮膚を観察し、きちんと洗い清潔を保ちましょう。
- 栄養剤の注入により、下痢や便秘、腹痛、嘔吐などが起きることがあります。注入中に変化がないかきちんと観察しましょう。

PEGの観察ポイント

- [ ] 栄養剤がろう孔周辺から漏れていませんか
- [ ] 皮膚が赤くなったり、ただれていませんか
- [ ] ストッパーをしめつけすぎていませんか(ストッパーと皮膚の間に指が1本入るぐらいが目安)
- [ ] 栄養剤を注入後、嘔吐が目立ちませんか
- [ ] 栄養剤を注入後、下痢が目立ちませんか
- [ ] チューブ内が栄養剤で汚れていませんか

胃ろうのおもな合併症と対策

　胃ろうを使っている方は、痛みなどを訴えることが困難なことが多くあります。介護する人が、いち早く異変に気づくことが合併症を予防します。

栄養剤のリーク（漏れ）

- 漏れの原因がバンパー埋没症候群（バンパーが胃壁や腹壁にめり込んでしまうこと）などによるものでないかどうかをみる。
- チューブの角度をなるべくお腹に垂直に保つなどの工夫をする（こより状のティッシュペーパーを挟むと便利）。

皮膚の炎症

- 栄養剤や胃内容物の漏れや滲出液の有無を観察する。
- ストッパーをしめつけすぎない。
- チューブ挿入部にこより状のティッシュペーパーを巻く。

バンパー埋没症候群

- 栄養状態の改善による体重増加がないか観察する。
- ストッパーをしめつけすぎない。

チューブが詰まる

- 栄養剤注入後、チューブ内の栄養剤を十分に白湯で流す。

嘔吐・下痢

- 何らかの疾患や感染症によるものではないかどうかをみる。
- 栄養剤をゆっくり注入する。
- 栄養剤の温度を適正にする。

4

介護職の可能な行為

4-18 褥瘡の処置

褥瘡の処置は医行為です。介護職は、尿や便で汚れたガーゼを交換するなどのケアはできますが、あくまで汚染時の救急処置であり、褥瘡部位の消毒や、軟膏を塗布することなどはできません。

介護職が可能な褥瘡処置

褥瘡処置の方法については、褥瘡の大きさ、深さ、肉芽形成のどの段階にあるか、感染の有無などによって医療職が判断・決定します。

介護職の専門性はむしろ、圧迫の分散や、皮膚の清潔保持、摩擦・ズレの予防、バランスのよい食事摂取など、褥瘡を予防することにあります。

褥瘡のガーゼ交換

①シーツが濡れないように、あらかじめ紙オムツなどを敷いておきます。

②創部に貼付されているガーゼをはがし、滲出液の量・性状を観察します。

③弱酸性石けんをよく泡立てて、褥瘡部以外の周囲の皮膚を洗います。仙骨部にできた褥瘡は、オムツ交換のたびにガーゼの汚染状態を観察し、尿や便による汚染がある時には洗浄します。

④ 褥瘡部は、温めた水道水で圧力をかけずに洗い流します。洗剤の容器やペットボトルを利用すると便利です。洗浄の目的は、清潔保持です。柔らかい布などで拭き取りながら、お尻全体を洗います。

▼褥瘡ケア

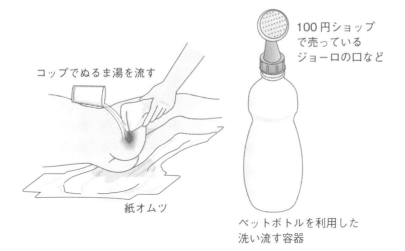

コップでぬるま湯を流す

紙オムツ

100円ショップ
で売っている
ジョーロの口など

ペットボトルを利用した
洗い流す容器

⑤周囲の水分をガーゼやタオルで拭き取ります。褥瘡部の水分を拭き取る必要はありません。水分を拭き取るガーゼやタオルは褥瘡部に触れないので未滅菌のもので OK です。

⑥洗浄が終わったら、消毒薬での消毒や軟膏などの塗布はせず、そのまま清潔なガーゼで創部を覆います。

⑦医療職にガーゼ交換を報告し、記録します。

Column

体圧を分散させる姿勢

　横向きに寝ている場合は、30度側臥位にすると、おしりの中央にある骨が突出している仙骨部や大転子部の褥瘡を予防できます。この姿勢はおしりの筋肉で体を支え、ベッドのマットや布団と当たる面積を広くし、かかる力を分散できます。また、座った時は、骨盤が後ろに倒れないように、骨盤を起こして90度に保つようにしましょう。

4

介護職の可能な行為

303

4-19 介護現場でよくみる医療ケア

ここでは、介護現場でよくみる酸素療法と膀胱留置カテーテルについて、介護職に必要な知識を解説します。介護職が、これらに直接かかわることはできませんが、どのようなものであるのかを知っておくことは重要です。

①酸素療法

在宅や施設で生活する慢性閉塞性肺疾患（COPD）を持つ人などに広く行われている療法で、血液中の酸素濃度の低下の改善・予防を行い、心肺機能の維持や呼吸苦の軽減を図ります。原因疾患や血液中の酸素濃度によって、カテーテルや酸素供給装置の種類も異なります。

▼酸素吸入の種類

酸素マスク

口呼吸または酸素流量
が多い場合

鼻腔カヌラ

鼻呼吸または酸素流量
が少ない場合

＊臥床の場合、チューブは前でよいが、
生活の場では必ず後ろへまわします
（特に台所仕事をする場合など）。

口か鼻から気管までカテーテルを挿入する方法や、気管切開して気管カテーテルを挿入する方法もあります。

▼酸素吸入の手順

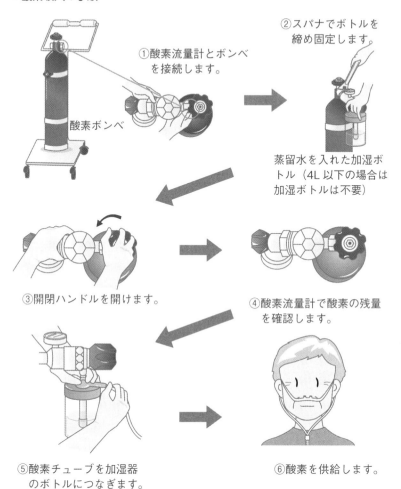

①酸素流量計とボンベを接続します。

②スパナでボトルを締め固定します。

酸素ボンベ

蒸留水を入れた加湿ボトル（4L以下の場合は加湿ボトルは不要）

③開閉ハンドルを開けます。

④酸素流量計で酸素の残量を確認します。

⑤酸素チューブを加湿器のボトルにつなぎます。

⑥酸素を供給します。

▼酸素供給装置の種類と特徴

高圧酸素ボンベ	持ち運びができ、どこでも使用できるが、容量が少ないため外出時間が長い時は予備のボンベを携帯する必要がある
酸素濃縮器	電気を使って空気中の酸素を濃縮する機器。ボンベ交換などは不要で長時間使用できる。在宅では一般的
液体酸素	病院など酸素供給を中央化し、多数のボンベから各部屋へ酸素を供給できる。小型ボンベは使用時間が短い

日常の点検項目

- 指示された時間、酸素流量を守っていますか。
- 酸素がきちんと流れていますか。
- チューブが折れ曲がったり、物に挟まったりしていませんか。
- チューブに傷ができていませんか。
- チューブのつなぎ目がゆるんでいませんか。
- コンセントはきちんと接続していますか。

日常の注意点と観察事項

- 咳や痰に変化はないか、また、疲れやすさや顔色、唇や爪にチアノーゼはないかなど全身の状態を観察します。
- 酸素療法時には火気には十分気をつけ、ガス台の使用時など火の取り扱いは要注意です。
- 室内は換気をし、空気中の二酸化炭素、チリ、ほこり、ダニなどの少ない環境を整えます。また、移動の際に負荷のかかりにくい室内環境をつくります。
- 酸素ボンベは残量を確認し、必ず予備を準備します。
- 液体酸素、酸素濃縮器は業者の定期点検を行います。
- 酸素濃縮器は停電で使用できなくなるので、酸素ボンベの予備を準備します。
- 呼吸困難があるからといって、酸素量を勝手に増やしてはいけません。
- 必要に応じて血中酸素濃度を測定し、適切な酸素量が供給されているかどうか確認します。

②膀胱留置カテーテル

　排尿障害があり、尿が十分に出ない場合に使われます。尿道口からカテーテルを挿入し、バルーンをふくらませて膀胱内に留置するものですが、長期にわたる場合は感染のリスクを考慮する必要があります。

▼膀胱留置カテーテル

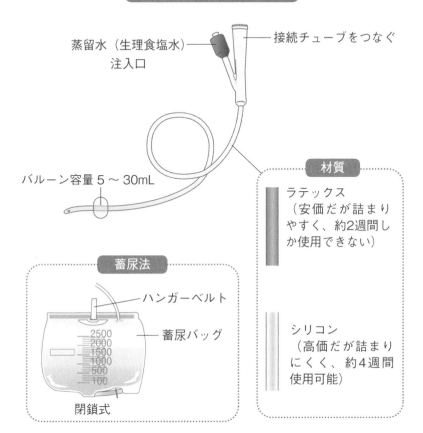

膀胱留置カテーテル

蒸留水（生理食塩水）注入口

接続チューブをつなぐ

バルーン容量 5 ～ 30mL

材質

ラテックス
（安価だが詰まりやすく、約2週間しか使用できない）

シリコン
（高価だが詰まりにくく、約4週間使用可能）

蓄尿法

ハンガーベルト

蓄尿バッグ

2500
2000
1500
1000
500
100

閉鎖式

膀胱留置カテーテルの適用される状態

- 尿閉などで尿がまったく出ない状態。
- 仙骨部の褥瘡が尿の汚染で治りにくい場合。
- 心筋梗塞や脳血管障害などの緊急治療の場合など。

▼カテーテルと蓄尿バッグの固定方法

男性

ペニスを上
向きにして
下腹部に固定

女性

太ももか下
腹部に固定

蓄尿バッグは、必ず膀胱より下になるように固定します。

日常の観察事項と注意点

- 尿量の増減、色、におい、浮遊物の有無などを観察し、全身状態に変化がないかをよくみます。
- カテーテルや接続チューブが詰まったり、破損していないか観察します。
- 蓄尿バッグの位置は膀胱より低い位置に保持します。
- 尿路感染症の防止が重要です。カテーテルの外側、カテーテルと蓄尿バッグのつなぎ目、蓄尿バッグの排液口を清潔に保ちます。
- カテーテルが尿道を擦ることでびらんや痛みが生じやすいので、カテーテルは適切に固定します。
- 入浴時の手順は、①蓄尿バッグの排液口から尿を出す、②空になったバッグをビニール袋に入れる、③チューブは逆流を防ぐためクランプで止める。体を洗う時は、バッグをS字フックでタオルかけなどにかけます。湯船に入る時は、洗面器にビニール袋ごと入れてお湯に浮かべます。
- 車イス移乗時や体位変換時に接続チューブを引っ張ったりはさんだりしないように注意します。

看取り期のケア (ターミナルケア)

死期が迫った状況において提供されるケアです。医師が常駐していない介護施設や在宅では、日ごろ身近にいる介護職の観察が重要になります。最期の時を穏やかに過ごせるように、不安や痛み、ストレスを緩和し、安楽に過ごせるように支援するのが介護の役割です。看取り期に現れる症状は個人差がありますが、ここではおもな経過について学んでいきます。

看取り期とは

いつから看取り期が始まるのかは、明確な時期が示されるわけではありませんが、医師の診断のもと、回復できない状態になった時といえます。

しかし、介護の場においては看取りは死の直前ではなく、介護サービスの利用開始時が、これからどういう支援を受けてどう生きるかを決める時期といえます。

看取りのとらえ方

人は誰でも必ず死にます。ですから「看取り」を自分のこととして、そしてあなたの大切な人のこととして考えてみましょう。

また、満足のいく看取りとは、人によって異なります。看取りとは、死ぬことの支援ではありませんし、ただ死を待つことでもありません。最後までその人らしく生きることの支援が大切です。

「医療がなければ看取ることはできない」は誤解です。

看取りの場面で医療が外せないのは、「死亡診断書」の場面だけです。あとは人それぞれ、10人いれば10通りです。

看取り期に特有の変化

＜死亡前 48 時間以内によくみられる徴候＞

- 意識が低下し、1 日中反応が鈍くなってくる
  ウトウトと眠っているような感じ
  浅い眠りの中で絶えず夢を見ているような感じ
- 努力性の呼吸がみられる、呼吸が弱くなる、喘鳴が聞こえる
  口呼吸、肩呼吸、下顎呼吸、鼻翼呼吸、チェーンストークス呼吸など
  喘鳴、痰のからみ
- 脈拍の緊張が弱くなる
  脈が触れにくくなる、リズムに不規則性（不整脈）が出てくる
- 血圧が低下する
- 手足の冷感が感じられる
  冷たいだけでなく、チアノーゼも出現
- 口唇や舌、口腔内が乾燥
- 尿量が減少、便秘や下痢
- 食欲が低下、食事・水分摂取量が低下
- 顔の相が変わる
- 身の置き所がないかのように、手足をバタバタさせる

医療との連携

　適切な情報提供と説明が医療従事者から介護側へなされたうえで、本人による意思決定を基本として、いろいろな専門職から構成される医療・介護チームとして方針に沿ったケアを行います。

死を直前にしたケアのポイント

- 全身状態の把握

  バイタルサイン、食事、水分摂取、嚥下状況、尿量、排便の有無、脱水や浮腫の有無などの確認。
- 栄養と水分摂取

  無理な食事や水分の摂取は避ける。

  身体状況や好みに応じた食事の提供、摂取方法の工夫。

  場合によっては補液（点滴）。
- 清潔の保持

  清潔保持と感染症の予防対策。

  身体状況に応じた入浴や部分浴、清拭（全身または部分）。
- 苦痛の緩和：身体面

  身体状況に応じた安楽な体位の工夫。

  疼痛緩和などの処置（医師の指示による緩和ケアまたは日常的ケアによる緩和ケアの実施）。
- 苦痛の緩和：精神面（情緒的なかかわり）

  握る、体をマッサージする・さする、側にいる・寄り添うなどのスキンシップ。
- 面会への配慮

  会いたい人にいつでも会えるように。面会者の休息も確保。

▼看取り期の身体的ケア、精神的ケア

身体的ケア	清潔の保持／口腔ケアの提供／きめ細かな食事、排泄ケアの提供／安楽な体位の保持・工夫／栄養・水分補給
精神的ケア	コミュニケーションを十分とり、精神的な苦痛を緩和する／手を握る、マッサージするなどのスキンシップをとる／安心できる環境の整備・提供／不安を抱える家族に寄りそう（相談、こまめな連絡など）

4 介護職の可能な行為

▼**看取り介護の流れ（施設入所）**

- 施設のケアの方針の説明
- 施設の看取り介護の方針の説明

日常のケア

- ご本人やご家族の死生観や最期の場所の希望の確認（場合によっては入所時も確認）
……身体機能の低下……

看取り介護の導入

- 医師の診断
- ご本人やご家族への状況説明と意思確認
- カンファレンス開催（必要に応じて複数回）
- 看取り介護計画作成（状態の変化に応じ随時変更）

看取り介護の実践

- 時間をかけた手厚いケア・精神的支援
- 意思変更には柔軟に対応
- 医師・医療機関との連携（必要に応じて入院など）

看取り介護の取り組み・振り返り

- 死亡直前の対応
- 死亡時・死後の対応
- ご家族へのグリーフケア（悲嘆への支援）
- 職員の振り返り

出典：『特別養護老人ホームにおける看取りガイドライン』（2007年／株式会社三菱総合研究所）

Column 在宅での看取り

　近年、入院加療中にターミナル期を迎え、最期は自宅を望む人も増えています。なかには、一人暮らしでも最期は自宅を望む人もいますが、独居の場合は24時間誰かがいるわけではなく、看護や介護のサービスの入っていない時間帯も当然生まれます。訪問看護や介護スタッフは、ご自宅へ訪問したら亡くなっていたという場面に遭遇する可能性も大いにあります。そういう場合があることを、本人や離れて暮らす家族に十分納得していただく必要があります。

Appendix

巻末資料

医行為の範囲についての法的根拠
介護現場でよくみる医学略語・用語

医行為の範囲についての法的根拠

　医行為の範囲について国の指針が出されたのは、平成15（2003）年7月にALS（筋萎縮性側索硬化症）患者の在宅療養支援として、家族以外の者（医師及び看護職員を除く）による痰の吸引の実施について、一定の条件下では当面の措置として行うこともやむを得ないものと考えられるとして通知が出されたのが初めです。しかし、これは痰の吸引をホームヘルパー業務として位置付けたものではありません。

　その後、平成16（2004）年10月には特別支援学校における教員による痰の吸引等（痰の吸引、経管栄養及び導尿）に関しての通知が出され、平成17（2005）年3月に在宅におけるALS以外の療養患者・障害者に対する痰の吸引に関しての通知が出されました。

　そして平成17（2005）年7月に、医療機関以外の高齢者介護及び障害者介護の現場等において、判断に迷いを生じることの多い行為であって、原則として医行為ではないと考えられる行為が示されました。この通知でいう行為は、医行為として規制の対象とする必要はないと考えられるものですが、医療の免許を持たない介護職が行うことが適切かどうか判断する際の参考であり、病状が不安定な場合など、専門的な管理が必要な場合には医行為であるとされることがあり得ると明記されています。

　さらに介護現場における医療ニーズの増加に伴い、厚生労働省では検討会やモデル事業を踏まえた上で、平成22（2010）年4月に特別養護老人ホームにおける痰の吸引等の取扱いに関する通知を出しその後、平成24（2012）年4月より、一定の条件下で介護職等による痰の吸引および経管栄養の実施が認められました。ただし、当面は一定の研修を受け、喀痰吸引等を行える旨の都道府県認定を受けること等が必要です。

　これらの通知からいえることは、医療職が行うとされている行為を現場で不必要に拡大解釈されることを防ぎ、なおかつ現場の実情を現実的に捉えようとしていることです。しかし、これらの行為は安全に行われることが大前提であり、介護の業務として位置付けるものではなく、あくまでも医師や看護職員など医療職との協力のもとで行われるものであることを忘れてはいけません。

●ALS患者の在宅療養の支援について
（平成15年7月17日　医政発第0717001号）

　在宅におけるALS患者に対する家族以外の者（医師及び看護職員を除く）による痰の吸引の実施について、一定の条件下では当面のやむを得ない措置として許容されるものであるとして、その条件を明示したもの。

●在宅におけるALS以外の療養患者・障害者に対するたんの吸引の取扱いについて
（平成17年3月24日　医政発第0324006号）

　在宅のALS以外の療養患者・障害者において、ALS患者に対する痰の吸引を容認する場合と同様の条件のもとで、当面のやむを得ない措置として許容されるものであるとの見解を示したもの。

●医師法第17条、歯科医師法第17条及び保健師助産師看護師法第31条の解釈について
（平成17年7月26日　医政発第0726005号）
その2（令和4年12月1日　医政発1201第4号）

　医療機関以外の高齢者介護及び障害者介護の現場等において、医行為として取り扱うのか判断に迷いを生じることの多い行為であって、一定の条件のもとで、原則として医行為ではないと考えられる行為を示したもの。

A

巻末資料

●特別養護老人ホームにおけるたんの吸引等の取扱いについて
（平成22年4月1日　医政発0401第17号）

　高齢化や重度化により医療的ケアの必要な入所者の増加がみられる特別養護老人ホームにおいて、医療職との連携等の安全が確保されるという一定の条件下で介護職員に口腔内の痰の吸引及び胃ろうによる経管栄養（栄養チューブ等の接続・注入開始を除く）は、やむを得ないものとして、その実施を認めたもの。痰の吸引と胃ろうについての介護職の行う標準的な手順と医師・看護職との役割分担、実施上の必要条件などについて示したもの。

●ストーマ装具の交換について
（平成23年7月5日　医政医発0705第2号）

　ストーマ装具の交換について、平成17年7月26日付の局長通知において、原則として医行為ではないと考えられる行為として明示されていないため、介護現場において医行為と考えられているという照会を受けて出された通知。医師または看護職員との密接な連携のもと、介護職が行う場合の注について示したもの。

> 厚生労働省法令等データベースサービス
> https://www.mhlw.go.jp/hourei/
> ※常に最新の情報を入手しましょう。

介護現場でよくみる医学略語・用語

医学略語（アルファベット順）

ADL【Activities of Daily Living】
日常生活動作

AED【Automated External Defibrillator】
自動体外式除細動器 （→ P.323）

ALT【Alanine Aminotransferase】
アラニンアミノトランスフェラーゼ。GPT と同じ血液生化学検査の一項目

APDL【Activities Parallel to Daily Living】
生活関連動作

ASO【Arteriosclerotic Obliterans】
閉塞性動脈硬化症

AST【Aspartate Aminotransferase】
アスパラギン酸アミノトランスフェラーゼ。肝臓、心筋などの障害の程度の目安

BCG【Bacille Calmette Guerin】
ウシ型結核菌生ワクチン

BMI【Body Mass Index】
体格指数＝体重／身長×身長（m）

BUN【Blood Urea Nitrogen】
血液尿素窒素

CAPD【Continuous Ambulatory Peritoneal Dialysis】
腹膜透析 （→ P.327）

COPD【Chronic Obstructive Pulmonary Disease】
慢性閉塞性肺疾患 （→ P.148）

Cr【Creatinine】
クレアチニン。血液生化学検査の一項目で腎臓機能の指標

A

巻末資料

317

CRP【C-reactive protein】
C 反応性たんぱく。炎症反応として血中に現れる

DM【Diabetes Mellitus】
糖尿病

ECG【Electrocardiogram】
心電図

GOT【Glutamic Oxaloacetic Transaminase】
グルタミン酸オキサロ酢酸トランスアミナーゼ。血液生化学検査の一項目

GPT【Glutamic Pyruvic Transaminase】
グルタミン酸ピルビン酸トランスアミナーゼ。肝機能の指標

HbA1c【Hemoglobin A1c】
ヘモグロビン A1c。血糖値評価の指標

HBV【Hepatitis B Virus】
B 型肝炎ウイルス

HCV【Hepatitis C Virus】
C 型肝炎ウイルス

HIV【Human Immunodeficiency Virus】
ヒト免疫不全ウイルス

HOT【Home Oxygen Therapy】
在宅酸素療法

IADL【Instrumental Activities of Daily Living】
手段的 ADL。買い物、料理等における ADL

ICF【International Classification of functioning Disability and Health】
国際生活機能分類

ICIDH【International Classification of Functioning, Disabilities and Handicaps】
国際障害分類

IVH【Intravenous Hyperalimentation】
中心静脈栄養（→ P.325）

LDL コレステロール【LDL cholesterol】
低密度リポたんぱく質

PEG【Percutaneous Endoscopic Gastrostomy】
経皮内視鏡的胃ろう造設術

PTSD【Posttraumatic Stress Disorder】
心的外傷後ストレス障害（→ P.324）

QOL【Quality of Life】
生命、生活、人生の質

ROM【Ramge of Motion】
関節可動域（→ P.321）

SARS【Severe Acute Respiratory Syndrome】
重症急性呼吸器症候群

SLE【Systemic Lupus Erythematosus】
全身性エリテマトーデス

TB【Tuberculosis】
結核

TIA【Transient Ischemic Attack】
一過性脳虚血発作（→ P.102）

VRE【Vancomycin Resistant Enterococcus】
バンコマイシン耐性腸球菌

A

巻末資料

医学用語（50音順）

あ行

アナフィラキシー反応
体内に入った物質に対するアレルギー反応の１つ。喘息、じんま疹などが代表的である。2回目以降スズメバチに刺されたときもショック反応を起こすことがある。

異食
認知症、統合失調症などにみられる行動で、ふだん口にしない紙やゴミ、便などを口にすること。（→誤飲）

咽頭がん
鼻孔からのどの上部までのがん。耳の聞こえが悪くなったり顔の一部が麻痺する場合もある。

インフォームド・コンセント
医療を受ける側が、医師などより丁寧な説明を受け、それを理解した上で、医療行為などについて同意・拒否などの判断をすること。

ウイルス性胃潰瘍
ヘリコバクター・ピロリ菌による感染性胃潰瘍。抗生物質による治療法が確立している。

温罨（おんあん）法
温湿布や部分浴などで身体を温める物理療法の１つ。血行を促し新陳代謝の促進、排便、排尿を促す。

か行

仮性認知症
うつ病で認知症のような症状がみられる状態。高齢者に多いことから、認知症と誤解されやすい。

片麻痺
脳血管障害などにより、右または左側の手足を動かせなくなる障害。感覚麻痺などを伴うことが多い。

喀血
呼吸器疾患により、気管支や肺からの出血を口から吐き出すこと。

痂皮
いわゆるかさぶた。傷ややけどなどが治る過程でその表面に生じる。

仮面うつ病
不眠や体重減少など、身体症状として現れるため診断されにくいタイプのうつ病。

仮面様顔貌
表情が乏しく、仮面をかぶっているかのような顔のこと。パーキンソン病などでみられる。感情に乏しいと誤解されやすい。

カンジダ症
真菌（カビ）が、体力の低下した人の皮膚や口、膣などの粘膜に異常に繁殖する感染症。

間質性肺炎
肺の最小単位である肺胞の壁に起きる疾患。原因不明で呼吸困難がおもな症状。対症療法で呼吸困難を和らげる。

関節可動域
関節を動かせる範囲のことで、リハビリテーションでは ROM と略されることが多い。この範囲が制限されると日常生活にも影響を及ぼし衣服の着脱などが困難になることがある。

眼底出血
破れた網膜から出血することで、糖尿病に多くみられるほか、外傷も原因となる。目の充血などとは異なる。

カンピロバクター
家畜やペットなどの腸管にある細菌で、生肉や汚染水によって人の大腸に感染する。発熱、腹痛、下痢、血便を伴う腸炎症状がみられる。潜伏期間が比較的長く、一般に 2 〜 7 日間かかる。

顔面神経麻痺
顔の神経の損傷のため、目や口の周囲の筋肉が麻痺して動きにくくなること。ウイルスが原因で起こることが多い。

緩和ケア
末期がんなどの患者に鎮痛を主とした治療を行い、積極的な治療を控え穏やかに生活できるケアをすること。ホスピスケアともいう。

A

巻末資料

気管支拡張症
気管支が拡張して元に戻らなくなる病気。痰がたまり細菌が繁殖しやすくなり、気管支炎や肺炎を起こしやすくなる。

気道確保
無意識になった人が、舌や食物などで呼吸が妨げられないように、口・鼻から気管まで空気が通りやすい姿勢を保つこと。

キャリア
ウイルスや細菌に感染していて、伝染力を持った状態。体内にあっても発症していない不顕性のC型肝炎のキャリアが典型。

急性膵炎
胆石や多量の飲酒などで十二指腸に流れるはずの膵液が止まった状態。

球麻痺
脳幹の延髄が傷害され、嚥下や発音障害などが起こること。唾液も飲み込めなくなるので、誤嚥性肺炎を起こすこともある。

ギラン・バレー症候群
風邪のような症状がみられた後急激に筋力が低下するなど運動障害が進み、四肢がしびれたりする疾患。

グルカゴン
膵臓のランゲルハンス島α細胞から分泌されるホルモン。血糖上昇作用がある。

劇症肝炎
急性黄色肝萎縮症。肝臓の広範囲の壊死・収縮がみられ肝性昏睡で10日以内に死亡することが多い。ウイルス、薬物などが原因。

血液ガス分析検査
採取した動脈血の酸素量や二酸化炭素量、pHなどから血液そのものの呼吸機能を検査する方法。

血糖自己測定
キットを使って毛細管血の採取を自分で行い、血糖を測定する方法。

幻覚
実在しないものを実在するかのように感じること。他人の話し声が聞こえてしまう幻聴が圧倒的に多い。統合失調症や薬物中毒でも起こる。

見当識
時、場所、人物など自分が置かれている状況を正しく認識する能力。

構音障害
発語器官が円滑に動かないために、うまくしゃべれない状態。

昏睡
刺激に対する反応や自発運動、筋肉の緊張が消失して無意識の状態。

さ行

在宅人工呼吸療法
人工呼吸器（レスピレーター）を用いて自宅で継続的に心肺機能を代行する方法。

再燃
体力や免疫力の低下などをきっかけに、いったん治癒していた病気について、体内に残っていた細菌などが増殖し、再び症状が出現した状態。

作話
おもに記憶障害に伴う症状で、経験しなかったことを話すこと。うそを言っているわけではない。認知症では忘れていることを補うためにつじつまの合うように話したりする。

糸球体腎炎
尿中にたんぱく質が大量に漏れ出てしまう糸球体の病気。急性糸球体腎炎、慢性糸球体腎炎がある。

静脈瘤
静脈の一部が拡張して瘤（こぶ）のようになったもの。ふくらはぎなどにできる下肢静脈瘤が多い。肝硬変では食道にできることもあり（食道静脈瘤）、破裂すると生命にかかわる。

除細動
心臓が痙攣したように細かく震えて機能しなくなった時、電気ショックを与えて正常に戻す医療。一般の人でも AED の使用が認められている。

徐脈
心臓の拍動が毎分 50 回以下で、血流障害を起こす疾患。加齢によっても起こる。

自律神経失調症
内臓を支配する神経系である、交感神経と副交感神経のバランスが崩れることによって多汗、頻脈、立ちくらみなどの症状が現れる。

A

巻末資料

進行性筋ジストロフィー症
筋力低下や筋萎縮が幼児のうちに発症する神経性の疾患。歩行困難、背骨の変形などを生じるので、車イスが必要となる。さまざまな型があり遺伝性の慢性進行疾患である。

心的外傷後ストレス障害⇒ PTSD
事故、災害、虐待、暴力などの体験によって心的なトラウマが生じ、後でそれらの体験の記憶が再生産され、一定期間続くこと。

心肺蘇生法
呼吸や心肺機能が停止した状態の者に蘇生を試みる一連の方法。気道確保、人工呼吸、心臓マッサージを行う。脳細胞への血流を緊急に再開させることが目的。最近のガイドラインでは、人工呼吸よりも心臓マッサージが優先。

深部感覚障害
運動感覚、振動感覚、深部痛覚などの障害。身体の傾きや手足の位置を確認することができず、姿勢が保てなくなる状態。

随意運動
手足など自分の意思で動かすこと。動かす部位に関連した筋肉が協調して弛緩・緊張して初めて目的の動きができる。

膵臓がん
沈黙の臓器といわれるほど症状は自覚されにくい。体重や食欲の減少で進行してから発見されることが多い。

スタンダード・プリコーション
病院や介護施設などで、患者と医療従事者を感染事故の危険から守るために考えられた、標準感染予防策のこと。

生活習慣病
厚生省（当時）が成人病に代わる概念として提唱した、「悪い」生活習慣が原因の疾患。高血圧、糖尿病、高脂血症、脳血管障害など。

舌がん
多くは扁平上皮がんが舌に発生したもの。硬いかたまりや境界がはっきりした白色、赤色の潰瘍ができ、進行すると断続的に出血する。

た行

体位ドレナージ
いろいろな体位をとることにより、重力を利用して痰を吐き出す方法。

体外式心マッサージ
心肺停止状態の人に、術者が手・腕、上半身を使って行う救命手当。

対症療法
症状の緩和や消失を目的に行う療法。原因療法に対する用語。例えば、熱や痛みがある時に解熱剤や鎮痛剤を服用したり、冷あん法を用いたりして、苦痛を和らげることを指す。

タッピング
手で胸や背中を叩いて衝撃・振動を与えること。のどに詰まった異物や痰を、急いで排出させる方法。

チアノーゼ
皮膚や粘膜が青紫色に見える状態。酸素不足で起こり、高齢者の場合は肺気腫、気管支肺炎のような重篤な呼吸障害の徴候として観察する必要がある。

チェーンストークス呼吸
呼吸中枢の機能低下により、呼吸期と無呼吸期を交互に繰り返す呼吸の仕方。脳・心肺疾患などでみられる。

知的障害
発達障害のため IQ が平均より著しく低く、年齢相応の行動ができない状態。訪問販売などに無警戒に応じてしまったりすることがあるので、成人には年齢相応の介護・社会的支援が必要である。

中心静脈栄養法（IVH）
カテーテルを内頸静脈、鎖骨下静脈、大腿静脈に挿入し、栄養を投与する方法。症状が安定している患者には、医師、看護師などの指導のもとに在宅でも可能。

腸炎ビブリオ
好塩菌の一種で海洋性魚介類を生で食べた時などに、食中毒の原因となる菌。食中毒の約 7 割を占める。まな板などの取扱いに注意が必要。

椎間板ヘルニア
上下の脊椎骨の間にある、軟骨組織が圧迫などにより変形し神経に触れて、激痛を起こす疾患。

A

対麻痺
両下肢が麻痺している状態。胸腰髄損傷が原因となることが多い。

低血糖
血糖値が異常に下がった状態。冷や汗、生あくびが出て、放置すると意識を失う。

摘便
便秘の時に直腸内にとどまって出ない糞便を、おもに手指で掘り出すように摘出すること。介護職の可能な医行為外行為とは認められていない。

透析療法
血液を特殊な膜を用いてろ過し、血中の老廃物や毒物、過剰な水分を除去する方法。慢性腎不全などに対する療法。腹膜のろ過拡散浸透作用を利用する、腹膜透析（→ P.327）という方法もある。

な行

ネブライザー
喘息などの症状緩和のために用いる電気式吸入器。薬を霧状にして鼻から吸入する。

は行

敗血症
血液中に侵入した細菌が活発に増殖している状態。寒気・震えを伴う高熱、血圧低下など激しい症状が現れる。免疫力が弱いなどの条件で起きる。

肺水腫
肺の毛細血管から肺の組織内に体液がにじみ出ている状態。心不全や心筋梗塞などで、血液循環が悪くなることなどで起こる。

破傷風
体内に侵入した破傷風菌による毒素が中枢神経を侵す中毒感染症。致死率が高い。

バセドウ病
20〜30代の女性に多い自己免疫疾患の1つ。甲状腺腫、眼球突出、頻脈などの症状がみられるほか、発熱、発汗などの症状が突然現れ、時に重篤な状態になる。

白血病
白血球を作る細胞が、骨髄中でがん化して起こる血液のがん。

パニック障害

多くは人混みや乗り物の中で前ぶれもなく突然、動悸や胸痛、発汗、めまい、吐き気が起こり恐怖に見舞われる精神疾患。

半盲

視野障害の1つで、左右両眼それぞれ患側の視野が半分欠ける状態。そのため例えば、食卓に出された片側のみを食べて完食したつもりで席を立ったりする。

百日咳

百日咳菌によって起こる感染症で、発症後約6週間程度の間、特有の激しい咳が続く。多くは乳幼児がかかるが、成人でも希ではない。

鼻翼呼吸

呼吸器疾患や循環器疾患で呼吸困難時に少しでも多く空気を取り込もうとして呼吸に合わせて鼻翼をふくらませる状態。

日和見感染症

人の免疫機能が何らかの原因で低下した時に、病原性がないとされる常在菌などが病原性を得て発症する感染症。カンジダ症や単純ヘルペス感染症などがある。

腹膜透析

腎不全などの治療法の1つ。腹腔内に挿入したチューブから治療用の液体を注入し、再び排出することにより血液中の老廃物と水分を除去する。

プリオン病

(→クロイツフェルト・ヤコブ病　P.114)

ベーチェット病

原因不明の全身疾患で口腔粘膜の潰瘍や外陰部潰瘍が特徴。バランスのとれた食事をとることや生活習慣、清潔保持に注意する必要がある。

ヘリコバクター・ピロリ菌

(→ウイルス性胃潰瘍　P.320)

保菌者

(→キャリア　P.322)

A

巻末資料

ま行

マイコプラズマ肺炎

ウイルスと細菌の中間に位置する病原体であるマイコプラズマ・ニューモニエの感染で起こる肺炎。5～12歳の児童に多く発症し、4年ごとの周期性がある。

麻疹

はしかのこと。麻疹ウイルスによる感染症で、生後 6 か月から学齢初期に好発し、強い伝染力、発症率を持つ。

末梢神経障害

糖尿病や膠原病、アルコールの過剰摂取が原因で、手足にしびれや痛みを感じ、運動神経、自律神経にも異常をきたす状態。

無動

上肢や下肢の、伸筋と屈筋ともに筋緊張が生じ、円滑に動かせなくなる状態。パーキンソン病でみられる。

滅菌

医療器具などのすべての微生物を除菌すること。加熱や照射、ガスによる方法がある。

もやもや病

脳の異常血管網からの出血が原因で、意識障害、四肢麻痺、けいれんなどが起こったりする疾患。

ら行・わ行

るいそう

病的なやせのことで、体内の脂肪貯蔵量が減少する状態。一般に標準体重の 80% 以下をいう。原因には外因性や内因性などさまざまある。

冷罨（れいあん）法

身体を冷やすことによって痛みを和らげたりする物理療法の 1 つ。冷湿布や氷嚢などがある。低温により組織や細胞の活力を低下させ炎症を抑える。

ロタウイルス

嘔吐、下痢、発熱がおもな症状で乳幼児に多い冬の急性下痢症。病院、福祉施設などの成人でも集団発生がみられることがある。

ワクチン

特定の感染症を予防することを目的として、人工的に免疫をつくるために接種する製剤。生ワクチン、不活化ワクチンの 2 種類がある。

索 引

索　引

●監修者紹介

大瀧　厚子 (おおたき　あつこ)

看護師／保健師／介護支援専門員／福祉施設士

公益財団法人介護労働安定センター新潟支部ヘルスカウンセラー・雇用管理コンサルタント（元別養護老人ホーム施設長）

看護師として一般病院に勤務。その後2か所の介護老人保健施設の立ち上げに携わり、平成12年介護保険の導入と同時に、介護支援専門員として勤務。平成14年、特別養護老人ホーム施設長に就任する。退職後、平成21年より現職ヘルスカウンセラー、平成28年より雇用管理コンサルタントの傍ら、医療・介護のアドバイザーとして活躍する。介護職向け研修を多く担当。

主な著書…『介護職のための医学知識ガイドブック』(関西看護出版)、『生活の場のターミナルケア』(筒井書房／三好春樹他と共著)

●編集協力

有限会社七七舎 (ゆうげんがいしゃ　ななしゃ)

介護・福祉・保健関係に特化した編集プロダクション。1994年設立。高齢者福祉、障害者福祉分野の取材・調査研究事業などを手がける。生活リハビリの情報交流誌『Bricolage』を発行。

http://www.nanasha.net/

■ カバーデザイン………古屋 真樹（志岐デザイン事務所）
■ カバーイラスト………加藤 陽子
■ 本文イラスト…………シママスミ

介護職スキルアップブック
手早く学べてしっかり身につく！
介護の医学知識

発行日　2023年 10月 1日　　　　第1版第1刷

監修者　大瀧 厚子

発行者　斉藤　和邦
発行所　株式会社　秀和システム
　　　　〒135-0016
　　　　東京都江東区東陽2-4-2　新宮ビル2F
　　　　Tel 03-6264-3105（販売）Fax 03-6264-3094
印刷所　三松堂印刷株式会社　　　Printed in Japan

ISBN978-4-7980-6993-7 C3036